読みなおす日本史

江戸幕府と情報管理

国文学研究資料館編
大友一雄著

吉川弘文館

本書は平成十一年八月に国文学研究資料館で行われた「原典講読セミナー」を活字化したものである。

大学院生を対象として毎夏行われている本セミナーは、数人の教官がそれぞれのテーマに基づき三回にわたって講義をするものであり、刊行にあたって大幅な加筆修正を施している。

はじめに

江戸時代、もっとも巨大な組織であった江戸幕府は、どのような方法で組織の情報を管理していたのでしょうか。情報にはさまざまなレベルが考えられますが、本講義では、日々の活動のなかで作成される文書や日記の活用と管理という点に注目して検討してみたいと思います。史料は主に『大岡越《おおおかえち》前《ぜん》守忠相日記《のかみただすけにっき》』を用いることにします。

我々の日々の活動は、必要とする情報を収集し、それに基づいて行われます。より精緻な判断を要する場合は、日頃から情報の収集に努め、それを管理するなどの、情報環境の整備が必要となるわけです。組織的な活動においてはなおさらであり、情報の集積や分析が不可欠といえます。

また、近年では組織体の知識・情報を最大限に活用するためのナレッジマネジメントの重要性が注目されるなど、組織における知識・情報の管理と活用は、創造性・可能性に関わる重要な課題と理解されつつあります。こうした今日の状況とも関わり、江戸幕府の情報管理に関する研究は、大いに興味深いものと考えます。

また、江戸時代は「文書による支配」の時代とされます。これは徳川による全国支配が成立し、兵農分離が空間的にも身分的にも進み、武士身分の者が村方から城下町などに集住したため、遠隔の村方支配に文書が不可欠なものとなったという状況と、実際に江戸時代の村方文書などが世界的にも極めて大規模に現存している事実を踏まえたものです。

「文書による支配」の実際は、充分追究されているとはいえませんが、支配面での利用に止まらず、江戸時代、大量に作成された文書の社会的な役割については、さまざまな観点から検討することが必要と思われます。

なかでもとくに注意したい点は、組織活動において文書を発生・管理する状況とは、決して普遍的なことではなく、歴史的な所産であるという点です。組織的に文書を発生させ、その文書を組織が管理するという考え方は、現代では当然かもしれませんが、文書を利用しない方法での組織活動も考えられます。文字伝来以前であればもちろん、文字利用以後も組織運営は、そのすべてが文書によるわけではなく、「非文書のシステム」と「文書のシステム」が併存しています。組織運営では両システムを巧みに利用しながら、意志決定・意志伝達・情報管理を実現しているわけです。つまり、二つのシステムはそれぞれ得意とする分野において使い分けられているわけです。

戦国時代から江戸時代への移行は、大きな流れとしては「非文書のシステム」から「文書のシステム」への転換を意味したと考えられますが、「文書のシステム」への転換には一定の時間を要しました。この講義で扱う内容は、「文書のシステム」の整備に関する検討とすることもできます。文書の発生管理主体である組織の変化などにも注目して議論を深めてみたいと思います。

講義では、このような問題関心から幕府のさまざまな役職のうち寺社奉行・奏者番《そうしゃばん》という二つの役職に注目して、情報管理における組織的な取り組みを解明すると同時に、個人的な取り組みや、仲間同士による情報交換などについても検討してみたいと思います。大名職である両職は、旗本職に比して自立的であり、こうした検討に最適と考えられます。その検討は幕府全体の動向と共通するものと思われます。寺社奉行と奏者番のみを取り上げながらも、本書のタイトルを『江戸幕府と情報管理』と、やや大上段にかざしたのも、こうした理解によります。

第一講では、将軍吉宗による寺社奉行の情報管理システムの改変と、組織活動に必要となる情報の収集活動について検討します。第二講では、寺社奉行の組織構造の特徴について指摘したうえで、それに規定される文書管理、文書引き継ぎについて、組織と個人という双方の観点に留意して追究します。第三講では、奏者番の組織構造を踏まえて、特徴ある勤務形態を明らかにし、奏者番間の情報伝達や情報共有化、さらには私的な記録である奏者番日記の利用と公務遂行について検討します。つきましては、よろしくお付き合い願います。

目次

第一講　幕府寺社奉行の組織構造と記録管理

第一節　寺社奉行の記録管理と将軍吉宗

江戸時代中期、「享保の改革」を主導した八代将軍徳川吉宗は、時代劇などでもよく取り上げられるなど、なかなか著名な人物です。将軍に就任したのは、享保元年（一七一六）、わずか八歳で死去した七代将軍家継に替わって、紀州藩主から将軍へ転進しました。吉宗は開幕から百年余を経て、社会にさまざまな形で顕在化してきた諸矛盾の解消に努めますが、ことに幕府財政の再建や、都市・農村の社会問題に手腕を発揮します。この一連の取り組みが「享保の改革」とされるわけです。

これからお話し申し上げる情報管理・文書システムに関する問題も、この改革の一環といえます。江戸時代中期の情報・記録の管理問題とは、いかなる状況のなかで発生し、その問題にどのように対応していったのか、将軍徳川吉宗の取り組みにも注意しながら話を進めることにします。具体的には、『大岡越前守忠相日記』（以下『大岡日記』と略記）に注目し、幕府寺社奉行の記録管理の話を中心とします。なお、『大岡日記』原本は、現在、国文学研究資料館史料館（通称国立史料館。二〇〇四年、国文学研究資料館に統合）が収蔵するところです。

大岡忠相の日記

江戸の町奉行として著名な大岡越前守忠相の日記の存在は、すでに歴史家の間ではよく知られており、記述もたいへん内容豊かなものといえます。これまで享保改革や幕府制度の研究などを中心に、さまざまな研究の場面で活用されてきました。その特色は政策の立案過程や、事件解決の審議の過程など、政治のプロセスが克明に記される点にあります。また、大岡は将軍吉宗の信任も厚く、当時の幕政に深く関係したために、幕府政治の動向が極めてリアルに描かれます。ここで取り上げる江戸幕府の情報や記録の管理に関する記述においても同様であり、本書第一・二講では、大いに利用しました。ついては、『大岡日記』の書誌情報について簡単に触れておきたいと思います。

大岡の日記は、元文二年（一七三七）正月から、寛延四年（十月改元により宝暦元年・一七五一）閏六月まで、十五ケ年の長期にわたります。日々の記載分量は多く、一ケ月分を一冊の割合で簿冊に仕立てます。一部欠本があるため、実際に現存するのは一三五ケ月分です。

この日記には字体を異にする別本一種があり、両者の総数は一七四冊となります。内訳は一一五冊と五十九冊です。この二種の日記を合わせて一三五ケ月分の記述が確認されるわけです。両者を比較すると、筆は異なりますが、文章は全く同じです。一種は大岡直筆とされて伝えられています。

第１表　大岡越前守忠相略歴

延宝５年（1677）	旗本大岡美濃守忠高四男として誕生
貞享３年（1686）	同族大岡忠眞家へ養子
元禄13年（1700）	養父の遺跡を継ぐ
元禄15年（1702）	５月、御書院番就任
宝永元年（1704）	10月、御徒頭就任
宝永４年（1707）	８月、御使番就任
宝永５年（1708）	７月、御目付就任
正徳２年（1712）	正月、山田奉行就任
享保元年（1716）	２月、御普請奉行就任
享保２年（1717）	２月、町奉行就任、評定所一座
享保７年（1722）	６月、関東地方御用兼職（延享２年まで）
元文元年（1736）	８月、寺社奉行就任
寛延元年（1748）	閏10月、奏者番兼職
宝暦元年（1751）	12月、死去、享年75歳

現在、日記はすべて翻刻され、『大岡越前守忠相日記』上・中・下（三一書房、一九七二・七五年）三冊が刊行されています。内容は幕職に関する公務日誌という性格ですが、江戸の町奉行時代のものではなく、その後の役職に関するものです。大岡は幕府にあって、さまざまな役職を経験していますので、次に簡単に彼の経歴を紹介しましょう。

大岡は、延宝五年（一六七七）に誕生、貞享三年（一六八六）に同族の旗本大岡忠眞《ただざね》の養子となり、元禄十三年（一七〇〇）に養子先の遺跡を継ぎます。幕府への奉公は、元禄十五年の御書院番《ごしょいんばん》を振り出しに、御徒頭《おかちがしら》、御使番《おつかいばん》、御目付《おめつけ》、山田奉行、御普請奉行、町奉行を歴任します。町奉行在職中は、江戸の町火消しの創設や、物価問題に関わる流通政策などの立案にも関係しました。しかし、彼は町奉行職を務め上げ、それで退職したわけではなく、元文元年（一七三六）

八月十二日、寺社奉行へ転出します。在職は宝暦元年（一七五一）十一月二日まで、その期間は十六年間に及びます。町奉行への就任期間は二十年弱ですから、ほぼ同等の期間寺社奉行職を務めたことになります。また、寛延元年（一七四八）からは奏者番《そうしゃばん》も務めます。しかし、寺社奉行・奏者番時代の大岡の活動に関しては、あまり知られていません。研究も極めて少ない状況です。

なお、大岡は町奉行・寺社奉行に就任中、評定所へも参加し、享保七年（一七二二）から延享二年（一七四五）には、関東地方御用《かんとうじかたごよう》も務めました。

したがって、元文二年正月から現存している『大岡日記』は、寺社奉行・奏者番・評定所・関東地方御用に関係する公務日誌といえます。課題とした記録管理に関する記事もこれらの職に関わるものです。

なお、日記は先に述べたように寛延四年閏六月をもって途絶えます。同年六月二十日には将軍職を引退した大御所徳川吉宗が没しており、大岡は同人の死をもって日記の記述を停止したとすることもできます。自分が仕えてきた徳川吉宗の死をもって実質的な奉公が終わったと考え、日記の記述も打ち切ったものかもしれません。大岡は、宝暦元年十二月十九日、吉宗の後を追うように亡くなりました。七十五歳でした。

寺社奉行記録の探索

元文元年（一七三六）八月、大岡は寺社奉行に就任しますが、寺社奉行とはいかなる役職でしょうか。

おおまかには全国の神社・寺院統制を中心に、その他広く宗教者の統制などを行い、また、寺社領の領民支配、連歌師、楽人、陰陽師、古筆見、碁将棋の者などの支配も担当しました。さらには徳川将軍家の霊廟や墓所の管理にも関係しており、その担当は多岐にわたります。定員は四人ほどです。具体的な仕事では、寺社などからのさまざまな願いや、訴訟の処理に当たります。寺社間の紛争解決は特に重要であり、取り扱い如何では寺社奉行個人の責任が問われます。また、この問題は、幕府の仲裁者としての権威そのものに関わる問題といえます。平等性を欠くような裁きでは、幕府の権威に傷がつきかねません。

公正な裁許には、客観的な証拠が必要であり、そのためには適切な記録管理が欠かせません。幕府の記録管理やその前提となる各部署での文書システムとはどのようなものだったのでしょうか。ここでは『大岡日記』にみられる一つの事件を通して、当時の記録管理の一端を解き明かしたいと思います。まずは、寛保二年（一七四二）四月十五日の条に注目してみましょう。

一　石見殿越中守江被申聞候之ハ、勢州桑名願証寺改派出入先年伺書等有之は可差出之由御申候付、私共方之義者御役退候得ハ左様之留書共ハ懸り懸りニさし置候て跡に残候事ハ無之故、難相知可有之哉之段被申候所、それ共相尋書付可出之由石見殿被申候旨越中守被申聞候（傍線筆者以下同様）

史料にみえる「石見殿《いわみどの》」は、改派出入りに関する過去の伺書《うかがいがき》の提出を寺社奉行「越中守《えっちゅうのかみ》」に求めます。石見殿は、御側御用取次《おそばごようとりつぎ》小笠原石見守政登《まさなり》であり、吉宗の将軍就任に伴い紀州藩士から幕臣化したうちの一人です。紀州藩士からはおよそ二百人余の者が幕臣化しますが、そのうちには吉宗・世子家重の近くに仕える者が少なくありません。なかでも享保元年（一七一六）五月十六日新規に設けられた御側御用取次の場合は、すべてが紀州藩出身者であり、小笠原胤次《たねつぐ》・有馬氏倫《うじのり》・加納遠江守久通《ひさみち》、そして小笠原石見守政登が務めました（深井雅海『徳川将軍政治権力の研究』吉川弘文館、一九九一年）。

御側御用取次の職務は将軍と役職にある者との取り次ぎを基本としましたが、文化十一年（一八一四）、江戸幕府の役職について大略を記した「明良帯録《めいりょうたいろく》」（山県彦左衛門）には、「此職は君辺第一の重任也、御政事筋ハ相談、諸大名・諸旗本・御逢対客等を御受、人才の善悪を弁知て御尋ねあれハ御直に申上る也」（『改定史籍集覧』第十一冊、一一二頁）とあり、将軍の政事向きの相談、人事の相談にもあずかりました。また、将軍からの直接の指示で動くため、将軍へのパイプ的な存在として、多くの者が内々に相談することが少なくありません。しかし、老中・寺社奉行・勘定奉行・町奉行などのように政策の決定に直接関わる職種ではありません。彼らは将軍と役職の者とを取り次ぐ存在であり、将軍の耳であり、口であったわけです。なお、将軍の情報探索役であった「御庭番《おにわばん》」は同じく享保期吉宗によって創設されますが、将軍の命を御庭番に伝え、また、探索の結果を将軍に取り次ぐのも、この御側御用取次でした。なお、将軍につながる存在ですから、実際にはその影響力はかなり大きかったといわれています。

やや説明が長くなりましたが、御側御用取次小笠原は書類の提出を寺社奉行に求めたわけです。後に述べますが、書類は享保二年（一七一七）の伊勢国桑名願証寺改派出入に関する伺書であり、この寛保段階ではすでに二十五年を経過していました。小笠原は将軍の指示でこの伺書を求めたわけであり、寺社奉行も将軍の指示であることはもちろん承知していたはずです。しかし、日記にみえる応答からすると決して積極的とはいえません。

伺書の提出を求められた牧野越中守は、傍線部にあるように、寺社奉行は職を離れる場合、留書《とめがき》などの記録類は「懸《かか》り」に置いたままで、在任の寺社奉行に引き渡すことはないと答えます。「懸り」の意味するところが問題ですが、これは寺社奉行そのもの、または寺社奉行の執務箇所である藩邸を指しており、職務中に作成した記録は藩邸に置いたままだ、というわけです。

こうした管理方法の背景には、家として御用の遂行に努める以上、御用遂行に関わった記録を自分の家に置くのは当然とする意識の存在が考えられます。この件につき越中守はさらに言葉を続けており、傍線部末尾で「難相知可有之哉之段被申候」とありますが、これは伺書の所在は「わからないのではないでしょうか」ということですが、ここには「そんなことはわかるわけないでしょう」といった意が込められているように思います。

そのため、小笠原石見守は必要とする伺書を現職の寺社奉行から得ることは不可能と判断し、各所へ問い合わせることを命じたのでした。「各所」とは、伺書が提出された享保二年当時、寺社奉行を務めた者をはじめ、その後の寺社奉行就任者すべてということになります。

こうした記録類の探索からは、将軍吉宗が政治や裁判などに多くの関心を示し、実際にそれらに関与していたことがわかります。また、当時の政治・裁判では、過去の事件や政事向きについて確認しようとした場合、関係の機関に記録類が充分に揃っていないということも起ったわけです。

それでは、この伺書探索の結末はどうでしょうか。『大岡日記』を読み続けますと、五月三日の条に「先月十五日御申聞候勢州願証寺改派出入之節伺書共之義、其節之奉行之方相糺候得とも相知不申候」とみえます。「其節之奉行之方相糺候」とありますから、享保二年当時寺社奉行を務めた大名たちへも、実際に問い合わせたわけです。探索は四月十五日の指示から、この五月三日まで約半月のあいだ続いたことになりますが、いまだ伺書を発見できずにいます。しかし、探索が断念されることはありませんでした。五月十二日の『大岡日記』の記事に注目してみましょう。

十二日　曇晴

一　四時登城

（中略）

一　石見殿江四人ニ而先月十五日御申聞候(A)享保二酉年勢州桑名願証寺琢誓改派出入之節之伺書之

義、其砌寺社勤役之所々承合候処、何茂屋敷類焼ニ逢書物焼失仕一切無御座候、右之通相知不申候ニ付、猶又所々承合候処、享保十五戌年西東本願寺末寺改派之義に付左近将監殿江相伺候書付幷美濃国養教寺改派一件御仕置伺書見出申候、右伺候例書之内ニ勢州桑名願証寺琢誓改派一件之義も御座候得共是又伺書ハ無之候、美濃国東島村西本願寺末養教寺恵宗儀養子仕、本寺幷領主之役人江表立届者不仕候得共、内証ハ寺宝物共ニ養子林宗江譲り状を以相譲自分者別宅隠居仕候処、養子之儀最前より不埒ニ仕本寺より恵宗呼状を請候処、本寺江ハ不罷出、謀計を以寺宝物を持参、東本願寺江致改派候ニ付而出入ニ罷成、吟味伺之上養父恵宗初御仕置罷成、養子林宗ハ寺宝物請取其儘西本願寺末相続被仰付候、此一件御仕置伺之節左近将監殿御書付を以、向後改派ニ付而ハ正徳年中之御定を用取扱可申候、何とそ格別之品も候ハ丶、其節之吟味次第裁許相伺可申旨被仰渡候、右一件伺書御書付幷正徳年中之御書付共ニ別紙写帳面一冊差上候由書付壱通右帳面相添進達之候所、石見殿被申候ハ、四人之義御尋有之候間相待可罷在之由被申聞候

（中略）

一（B）石見殿江今日差出候享保十五戌年西東末寺改派之義ニ付一件帳面ハ、井上河内守家来元寺社役相勤候近藤吉右衛門方江申越借寄写候而上之候

傍線部(A)からは、享保二年当時、寺社奉行を務めた大名屋敷へ問い合わせたところ、「いずれも屋

敷が類焼に遭い書物などは一切ない」と返答を受けたことがわかります。類焼から関係史料を焼失したとの回答は、元寺社奉行にとっては、不可抗力ということで責任から解放される面もあったかもしれません。

しかし、その後も探索が続けられた結果、「享保十五戌年西東本願寺末寺改派之義に付左近将監殿江相伺候書付幷美濃国養教寺改派一件御仕置伺書」の文章中に、願証寺改派出入に関する記述が発見されます。それは願証寺の伺書そのものではなかったわけですが、享保十五年（一七三〇）の事件の参考情報として伺書の内容が記されていたのです。

ちなみに、享保十五年の美濃国西本願寺末養教寺の一件とは、同様に改派に関する事件でした。争論の発端は、養教寺の僧恵宗が、養子林宗へ寺宝を含む譲り状を認め、別宅へ隠居したところ、養子林宗には不埒な行為が多く、本寺西本願寺からの呼び出し状にも出頭せず、寺宝を東本願寺へ持参し、勝手に改派したことにありました。そのため、幕府は吟味のうえで、義父恵宗を処罰し、養子林宗には寺宝を東本願寺より請け戻し、西本願寺末として寺を相続することを命じています。事件は老中松平左近将監《さこんしょうげん》乗邑《のりさと》によって取り裁かれ、以後、改派問題に関しては、正徳年中に制定した改派出入に対する原則不介入の御定に従い処分すること、格別のことがあれば、配慮することが確認されたのでした。

ところで、この享保十五年の史料はどこから発見されたのでしょうか。先に引用した『大岡日記』

五月十二日条傍線部(B)には、常陸国笠間藩主であった大名井上河内守正之の家来近藤吉右衛門宅から発見されたとあります。井上河内守は、享保十三年（一七二八）七月六日から元文二年（一七三七）九月十七日までの間、寺社奉行を務めますので、享保十五年の事件の担当が、井上であった可能性も充分に考えられます。願証寺伺書の探索は、伺書が提出された享保二年段階の寺社奉行を手始めに、その後の寺社奉行も含め、広範に実施され、その問い合わせは家来宅にまで及んだということになります。

ところで、探索していた記録が寺社奉行井上自身の手元ではなく、家来近藤宅から発見されたのは何故でしょうか。

この点は家来近藤が「寺社役」を務めたと『大岡日記』にあることに注意すべきです。この寺社役は藩主の寺社奉行就任に伴い、これを補佐するために設けられた職であり、一般には家老クラスの者が就任します。他にも江戸の寺社地の検分などを担当する大検使《だいけんし》・小検使《しょうけんし》などが設定されましたが、寺社役はなかでも中心的な役職と考えられます。

もちろん、問題が起これば、藩主が責任を問われるため、近藤自身も誠心誠意職務に専念したことは間違いありません。多くの記録類が発生したでしょうが、それは役職を滞りなく進めるためのものであり、また、滞りなく務めたことの証となるものです。いうなれば奉公の証であり、家において大事に保管すべき存在であったと考えられます。人に引き渡すようなものとしては認識されていなかったということです。

先に幕府御用に関わり発生した記録類は、幕府ではなく大名家に残ることを指摘しましたが、実際はもう少し複雑であり、藩主を補佐した家来の家にも奉公の証として残されることがあったことになります。決して藩主の勤役関係の文書を、家中の者が勝手に持ち出したわけではありません。

こうした状況は、今日、家老などの家に伝来した文書群の調査によって確認することもできます。たとえば、史料館では土浦藩土屋家家中の大久保家文書や、館林藩秋元家家中の福井家文書を収蔵していますが、そこには多くの幕府勤役に関する文書が含まれています。福井家文書であれば、大名秋元氏の幕府城番に関する記録類が多数確認されるのです。

もちろん、藩主自身が奉公のために発生させた記録や、組織的に作成された記録は大名家に伝えられますが、家来が執務遂行上、発生・管理した記録は、家来の家に伝来したといえます。それが当時の御用と記録に関する基本的な関係であったわけです。

また、将軍の指示による先例書類の探索からは、記録類が組織的に蓄積されず、必要に応じて寺社奉行個々が自己判断で記録類を収集していたことが想像されます。そこで収集された記録類は、いよいよ組織のものとしては管理されず、家の記録として蓄積されたわけです。組織的な記録の蓄積が不十分であるが故に、家的な記録の収集・管理が進展したことも考えられるところです。

将軍吉宗が怒る

次に、将軍吉宗が寺社奉行の文書管理をどのように捉えていたものか検討してみたいと思います。将軍吉宗がこの改派問題に、相当の関心をもって臨んだことはこれまでの経過からも明らかです。寺社奉行による史料探索も将軍の指示によることは繰り返し指摘した通りです。

享保十五年（一七三〇）の記録に関連の記述が発見されると、その記録は御側御用取次小笠原を介して将軍に届けられました。五月十二日のことですが、提出後まもなくすると、大岡ら寺社奉行四人は吉宗に呼び出されます。ここでは、その時の様子から将軍吉宗の記録管理に対する考えを解き明かしてみたいと思います。なお、関連の記事は、先に紹介した『大岡日記』五月十二日条の中略部分にみられます。

一　石見殿奥江四人共ニ可罷越由御申聞、罷越候所御座之間江罷通御前江被召出、上意之趣此度西本願寺と専修寺と相州柏尾村浄正寺改派之義ニ付度々御尋も有之、先刻上候帳面も有増御覧被遊候、(A)畢竟改派之義公儀より御構無之事ニ而候寺之義も其通ニ候、正徳年中之御書付之通心得取計ひ可申候、右之通ニ而障事も無之哉之旨御尋ニ付、(B)右之通にて何之障義無之、向後共ニ此通ニ被仰付候得ハ、西東を初届之前後をあらそひ申事も無之旨四人共御請申上候、(C)又御意ニ前々より寺社奉行方ニハ諸事之書留等も無之、以前之事ハ其寺院江承合候而申上候之由ニ候、如此ハ有之間敷事ニ被思召候、向後ハ公事出入等之義大帳にも致置、其次々江可相送可申候、書留無之義以之外如何敷被思召候之旨御意ニ付、(D)成程上意之通ニ而年久敷以前之勿論之義、御

役替等御座候得者近年之義も相知不申候、只今ハ随分書留等も跡ニ残候様ニ仕候、猶又向後申合弥書留等具ニ致置可申由御請申上候、此外評定所之義等御尋被遊候付而、替儀も無之入組候公事も無之段申上御前退罷出、御次ニ而遠江殿石見殿江御礼申上表江罷出候

一　右済九時過致退出候

寺社奉行四人は、小笠原石見守に引き連れられて「御座之間《ござのま》」へ案内されます。「御座之間」は殿中中奥に位置する将軍謁見用の、もっとも格の高い部屋です。もちろん、そこに吉宗が先に詰めていることは考えられません。まず、石見守の案内で寺社奉行四人が入り、彼らの入室を待って将軍が現れるわけです。

面談の場では、将軍と寺社奉行たちが直接話していると思われます。将軍からは「度々御尋」があり、「先刻上候帳面も有増御覧被遊候」と記されますから、探索の結果得られた願証寺の伺書を、将軍も実際に確認していたわけです。また、願証寺の享保二年（一七一七）の伺書の探索が、西本願寺と専修寺に関わる相模国柏尾村浄正寺改派問題に発していたことも、ここでの日記記載から明らかです。

さて、この改派問題に関して吉宗は、傍線部(A)で「改派問題は公儀（幕府）が口出ししないはずであり、正徳年間の規則通り扱うべきである。そのような取り扱いでは支障があるのか」と、寺社奉行たちに尋ねます。まず、基本的な考え方を糺したものでしょう。

これに対して寺社奉行たちは、傍線部(B)で「その通りで何ら支障はありません。今後ともその通りに扱うのであれば、西・東本願寺をはじめ、前後を争うこともなくなるでしょう」と返答します。「前後を争う」とは、宗派間の勢力争いを指します。

将軍・寺社奉行とも宗派問題に対する考え方は同じであったわけですが、吉宗からの話は、これで終わりませんでした。続いて吉宗は、傍線部(C)で以前から寺社奉行には「諸事之書留等」がないことを指摘し、同時に、訴訟の場で当事者である寺社などに事実関係を確認する状況を問題視します。訴訟の当事者からの情報提供のみでは、充分な判断材料たり得ないと考えたわけです。日記には「如此ハ有之間敷事ニ被思召候」とあり、将軍吉宗があってはならないことと認識していたことが明らかです。

そのため吉宗は具体的な対策を指示します。傍線部(C)では、今後、訴訟などについては帳面(「大帳」)に書き留め、退任する場合は他の寺社奉行に引き継ぐことを求めます。吉宗は、よほど記録管理に不備を感じていたのでしょう。続けて日記には「書留無之義以之外如何敷被思召候」とみえます。「以《もつて》之《の》外《ほか》如何《いかが》敷《しく》」といういい方は、吉宗が実際に発した言葉と考えられますから、相当に厳しい発言です。吉宗は怒っていたといえます。『大岡日記』に将軍吉宗関係の記事は多数みられますが、このようないい方は珍しいケースです。

さて、かかる事態に寺社奉行はどのように対応したのでしょうか。日記を読み進めると、傍線部(D)

で寺社奉行は、これまでの記録管理の不備は将軍の指摘通りであり、年月を経た記録はもちろんのこと、役替えなどが起こると近年の記録も不明になると、将軍吉宗の指摘に応えます。当時、寺社奉行の交代に伴って記録が引き継がれることはなく、奉公の証として家で管理されていたわけです。決してルーズな管理の結果ではありません。

ただし、注目すべきは、寺社奉行が続けて「現在は随分書留などを引き継ぐようにしている」と主張している点です。吉宗に「以之外」と注意されて、それでも返答しているところをみると、何か具体的な対応を開始していたと考えられます。そして、それは、ごく最近のことであり、享保二年以降ではないでしょうか。享保二年以前であれば、願証寺の伺書が発見できないことで、もっと神妙になるでしょうし、努力していることを将軍を前に強調できないはずです。

つまり、寺社奉行たちの発言は、「過去のことはともかく、少なくとも自分たちは、それなりに文書を管理している」との主張であったと捉えることもできるでしょう。「享保二年の伺書が出てこないのは自分たちの責任ではない」というわけです。しかし、寺社奉行でもより一層体制を整えていくことを求められたわけです（この点に関しては第二講参照）。

これまで述べてきたところを確認するならば、①当時の寺社奉行は、一つの組織として計画的に記録を残す手立てを有していなかったこと、②寺社奉行の交代などに伴って記録が引き継がれることはなく、役邸となった江戸の大名屋敷に残されていたこと、③このため過去の書類が必要となった場合は、寺社、または元の寺社奉行担当者を対象として探索を実施しなければならなかったこと、④こうした状況に対して将軍吉宗は、訴訟において当事者である寺社に先例を確認するばかりで、自ら記録を作成・管理しない体制を「以之外」と批判したこと、⑤現職の寺社奉行たちもその状況を了解し、近年は書留などを残すようにしていること、などが明らかになったといえるでしょう。

ここで吉宗が問題とした多くは、従来、当然のごとく行われてきたことでした。しかし、組織的な活動が進展するなかで、個別的な対応は否定され、法整備や、新しい記録管理システムの構築が求められたのです。

そのため吉宗は、五月十二日の「御座之間」での問答から、二週間ほど経た五月二十四日、再度この件に関して寺社奉行に指示を与えるのでした。

第二節　寺社奉行における記録管理の改善策

将軍からの改善要求

ここでは、将軍吉宗と寺社奉行との面談以後の動向を示し、寺社奉行に求められた文書管理、情報管理の方向性、そして、その背景について考えることにします。

ついては、『大岡日記』寛保二年（一七四二）五月二十四日条に注目してみましょう。

一　遠江殿・石見殿、此方ハ紀伊守自分因幡守江御意之由ニ而御申聞候ハ、先日御前ニ而御意之通寺社奉行方ニ前々より留書等無之由ニ候、諸留書無之候而ハ、前々之事不存候而落着等申付候以後、前々之留書出候時、申付前々被仰出候留書ニ相違之儀有之候得ハ、奉行御咎にも可預候、左候得者如何敷事第一者留書無之故、万端願寺ニ而も其外ニても、願人之方承合候而其通りニ申付候義と相聞此段如何敷候、此度御仕置御定書も出来、此内寺社之取扱之事も少々有之候得共、細ケ成義者無之候、(A)向後申合、留書致置可申候、(B)先年より之公事裁断其外之儀共ニ寺社江申付書出させ可申候、(C)其書付に若洩レ候儀者年寄衆江申上、御用部屋之留書を以向後之形ニ成候様ニ調様書付、年寄衆江相伺相定可申候、此段年寄衆より被仰渡可有之候得共、先達而先右之趣申達置候様ニ御意之由御申聞候、越中守今日寄合ニ付不罷出候間、右之通可申達之由御申聞候間奉畏候、(D)只今迄之義内寄合ニ而申付候義者内寄合帳ニ有増ニハ候得共、公事裁許願事等留有之候得共、(E)寄合ニ而不申付伺之上ニ而申付候義者留書無之候、(F)所々相尋当時少々ハ有之候得共悉クハ中々無之候、(G)向後之義申合留書致置可申由申上候

一　右之以後左近殿右三人江被仰聞候ハ、寺社奉行方ニ而前々より之書面無之由ニ候間向後書留可仕候、前々より之公事裁許其外共ニ寺社江申付書出させ、其書付を以吟味之上調様書付可入御覧候、其上ニ而御差図可有之旨被仰聞、奉畏候旨申上候

一　越中守義今日御定書寄合ニ付登城無之、紀伊守自分因幡守三人ニ而右之御用承り候

五月二十四日、御側御用取次の加納遠江守・小笠原石見守は、寺社奉行三人（本多紀伊守・大岡越前守・山名因幡守）へ将軍の意向を伝えます。寺社奉行には、もう一人牧野越中守がいますが、この年、完成する幕府の法典「公事《くじ》方《かた》御《お》定書《さだめがき》」編纂のための寄合が別にあり、この場へは不参加でした。

小笠原石見守に同行した加納遠江守は、享保元年（一七一六）五月、御側御用取次職設置以来の古参です。両人とも『大岡日記』には頻繁に登場しますが、同じ要件で二人が揃って派遣されることは極めて稀なことです。おそらく将軍吉宗は相当重大な案件と考え、ベテランの加納を小笠原に付けたのでしょう。

要件は寺社奉行の文書管理に関して、具体的な対策を指示することです。吉宗はまず、寺社奉行の問題点を次のように指摘します。執務に関連して重要情報を書き留めておく「留書」を作成していない。そのため、充分な事実確認もなく争論などを裁いていないか、後日証拠の書付などが提出されると、裁許との間に齟齬を来たしかねない。問題が発生すれば寺社奉行の責任問題になる。吉宗は以上のように、その重大性を強調し、訴訟において当事者である願人《ねがいにん》からの情報を頼りとする寺社奉行の姿勢を問い糺します。さらに吉宗は、このような方法での争論解決では、幕府の公儀性にも関わると、その対応を批判するのでした。寺社奉行の文書管理問題は、寺社奉行の問題にとどまらず、幕府にとっての重大問題であると吉宗は考えたということになります。文書や記録の存在が、大きくクローズアップされてきたとすることもできるでしょう。

こうした状況に注目しますと、将軍吉宗はたいへん開明的であり、時代遅れの寺社奉行に檄を飛ばしながら、記録管理の重要性を認識させ、新しい記録管理の導入を求めていたと解釈できそうですが、吉宗の発想にも、その背景があったはずです。社会的、政治的状況と無関係には考えられないわけです。次にこれらについて述べてみたいと思います。

記録管理と「公事方御定書」

将軍吉宗のこだわりともいうべき姿勢を、日記から確認するならば、先の引用文に「此度御仕置御定書も出来」とあった点に注目が必要と考えます。「御仕置御定書」とは、「公事方御定書」のことであり、将軍吉宗の命を受けて老中松平左近将監乗邑を主任に寺社奉行、町奉行、勘定奉行の三奉行が中心になって編纂したものです。上下二巻からなり、上巻には司法警察関係の法令八十一通が収められ、下巻には「御定書百箇条」と呼ばれる判例などを基礎に、刑法・訴訟などに関する規定一〇三条が収められています。江戸幕府の基本法典ともいうべきものです。当時、その編纂が進められ、ほぼ完成という段階にありました。

もちろん、法による支配の方向性は、全国の諸大名などを平定していくなかですでに方向付けられていましたが、それが一定の法理念のもとに整備されたわけです。ただし、「公事方御定書」の基本は、証拠主義（先例重視）の徹底にあったといえますので、体系化という点では限界を内包するものでした。また、御定書の作成理由も、幕府の公儀性の維持そのものにあったとすべきです。

しかし、「公事方御定書」が、そうした限界を有するものにしろ、その編纂が進むなかで、寺社奉行の記録管理の持つ意味が再確認されていったと考えられます。つまり、吉宗による寺社奉行批判とは、証拠主義を徹底することの必要性が強調されたものであり、それは幕府に求められる公儀性の中身を、より実体化するためのものであったといえます。

幕府は公的な存在であることを演出するために、社会の道徳的な観念なども踏まえながら「法による支配」をより整備することが必要とされていたといえましょう。幕府自らによる法整備は、裁きの客観性をアピールすることにもなります。新しい幕府の姿を提示するという面もあったでしょう。

繰り返しになりますが、こうした幕府の新しい対応のなかで、寺社奉行の調停や裁きの方法に、大きな欠陥があると将軍吉宗は気付いたわけです。「公事方御定書」が成立しても、実際の場面で先例を確認できる体制が整備されないことには、「公事方御定書」の理念というべきものは生かされません。「公事方御定書」の思想は、関わり合う各部署へ押し広げられ、それぞれがしかるべく情報の集約に努めることが求められたといえます。先の引用史料において吉宗は留書の作成を指示しますが、その理由として、公事方御定書には「寺社之取扱之事も少々有之候得共、細ケ成義者無之」と指摘します。つまり、「公事方御定書」に寺社の取り扱いに関する記事は一応あるが、その記事は少なく、細かなことについてまでは記されていない。だから留書を作成して執務に備えろというわけです。

したがって、この留書作成の考え方は、まさに「公事方御定書」の思想を押し広げ、幕府全体として情報を蓄積しようということなのです。訴訟問題に止まらず、行政上の問題からも記録の作成や情報整備が求められていたことになります。

最終的に吉宗が寺社奉行に求めた事項を示すならば、(A)「向後申合、留書致置可申候」、(B)「先年より之公事裁断其外之儀共ニ寺社江申付書出させ可申候」、(C)「其書付に若洩レ候儀者年寄衆江申上、御用部屋之留書を以向後之形ニ成候様ニ調様書付、年寄衆江相伺相定可申候」という、三点です。(A)は留書の作成を組織として行うことを指示したもの、(B)は過去の公事裁断などに関する文書を寺社などへ連絡して書き出させることを命じたもの、(C)は寺社からの書き出しによっても必要書類が充分に揃わなければ、老中に申し出て、御用部屋の留書をもって作成し、今後の参考資料となるように整え、その仕立て方は老中へも伺うことを命じています。これらの寺社奉行への指示は、過去の情報の集積と同時に、これから発生する情報に関しても継続的に蓄積することを求めたものといえます。

ここに個人的な記録の作成から、組織的な記録の作成への転換を指摘することもできるでしょう。それらは、当時の寺社奉行の存在形態を大きく規定するものであったとも考えられます。

将軍の意向を受けた御側御用取次加納遠江守からの指示に対して、寺社奉行側は、当時の記録管理のあり方について、次のように述べています。

(D)「内寄合」を経たうえで諸国の寺社などへ申し付けた事項に関しては「内寄合帳」にそのあらましを書き留めてきた。(E)しかし、直接伺いのうえで申し付けたものについては留書にない。(F)各所を尋ね少々の情報は収集したがことごとく収集することはできていない。(G)今後に関しては、申し合せのうえ留書を作成する。

この返答からは、文書システムと事務システムが一体のものとしては存在していなかったことが考えられます。事務は遂行されても、それに伴い文書が発生しない、寺社奉行の手元に情報が集積されないシステムということです。

さて、以上のようなやり取りのうえで寺社奉行は、どのような行動をとったのでしょうか。加納遠江守らとの会見から三日後、五月二十七日、『大岡日記』には次のようにあります。

諸触頭共列席江呼出、先々より之公事裁断幷奉行所ニ而申渡候趣共不残様ニ書付可差出之由申渡、銘々書付相渡候

すなわち、江戸には仏教・神道の宗派ごとに「江戸触頭《えどふれがしら》」が置かれ、全国の寺社への連絡網が整備されていましたが、幕府はこれを利用し、過去における公事裁断・申渡などを残らず書付にして提出することを命じたのでした。

この結果について大岡は日記に何も記しませんが、将軍の意向に関わる指示が中途半端に処理されたとは考えられません。先ほどの願証寺の伺書の探索などから勘案しても、厳重な実施が考えられるところです。

また、この時収集された記録類は、どのように編成されたものか興味が持たれます。これは古参の

寺社奉行から新任の者に引き継がれる「御仕置例書」などと呼ばれるものであったと考えられますが、詳細は今後の課題です。

第三節　寺社奉行の執務と記録管理の実際

徳川家祖先情報の集約

寺社奉行の記録管理は、従来、奉行を担当した大名家の判断によるところが大きかったわけですが、次第に組織的な記録類の管理が重視されていったことが明らかになってきました。次に幕府における祖先祭祀情報の集積問題、将軍発給文書の取り扱いなどを通じて、当時の情報管理の一端を紹介してみたいと思います。

江戸幕府の将軍職は、ご承知のように徳川家康に始まります。没後家康は東照宮として祀られ、歴代将軍のなかでも、抜きん出た扱いです。家康の神格化は幕府にとっても戦略的な行為であり、東照宮は日光・紅葉山・寛永寺・増上寺などに置かれ、歴代の将軍自らが頻繁に参詣し、不可能であれば老中を代参させることが行われました。もちろん、家康ほどではないにしろ、歴代将軍に関わる参詣も頻繁であり、月々の命日には将軍が参拝することもしばしばです。寺社奉行は、こうした歴代将軍の葬送・祭祀に関わる行為も担当したわけです。

具体的な検討のために、幕府の正史である『徳川実紀《とくがわじつき》』の記事から元文元年（一七三六）の祖先祭祀に関する記事を抜き出し整理してみました（第2表参照）。

元文元年段階で、すでに死去している将軍は、家康＝東照大権現・安国院《あんこくいん》（四月十七日没）、秀忠＝台徳院《たいとくいん》（正月二十四日没）、家光＝大猷院《たいゆういん》（四月二十日没）、家綱＝厳有院《げんゆういん》（五月八日没）、綱吉＝常憲院《じょうけんいん》（正月十日没）、家宣＝文昭院《ぶんしょういん》（十月十四日没）、家継＝有章院《ゆうしょういん》（四月三十日没）の七人ですが、『徳川実紀』からは将軍家の家族も含めて一年間に都合八十回に及ぶ参詣を確認できます。そのうち将軍吉宗自らの参詣回数は十三回、代参は六十三回です。これを寛永十八年（一六四一）と比較しますと、同年は総参詣数三十八回のうち将軍家光が二十四回参詣しており、亡くなった将軍の数を勘案するに、家光の時代は将軍自身が祖先のもとへ参詣することが、吉宗時代に比してはるかに頻繁であったといえます。見方を変えれば代参を立てる形が次第に整い、将軍自らが参詣する機会は次第に減少したとすることもできるでしょう。

元文元年、すでに没している七人の将軍の霊廟のうち、吉宗がもっとも多く参詣した箇所は紅葉山の御宮（東照宮）であり、八回を数えます。ついで台徳院（秀忠）・大猷院（家光）が五回。両者の場合は、紅葉山の霊廟とともに増上寺・東叡山の墓所へもそれぞれ参詣がみられ、参詣回数は比較的多い数になります。その他の将軍へはそれぞれ年一回です。そして、その大方が命日です。家康・秀忠・家光という古手の者については頻繁に出かけ、比較的新しい家綱・綱吉・家宣・家継へは年一回

	10日	東叡山	常憲院	代参	松平右京大夫輝貞
	14日	三縁山	文昭院	代参	松平右京大夫輝貞
	17日	紅葉山	東照宮	代参	松平左近将監乗邑
	29日	三縁山	有章院	代参	松平伊豆守信祝
7月	9日	東叡山	浄圓院	代参	少老板倉佐渡守勝清
	10日	東叡山	常憲院	代参	松平伊豆守信祝
	14日	紅葉山	諸廟(東照宮・台徳院・大猷院)	参詣	吉宗
	14日	東叡山	浄圓院	代参	本多中務大輔忠良
	17日	紅葉山	東照宮	代参	本多中務大輔忠良
	29日	三縁山	有章院	代参	松平右京大夫輝貞
8月	9日	東叡山	浄圓院	代参	少老西尾隠岐守忠尚
	10日	東叡山	常憲院	代参	松平右京大夫輝貞
	14日	三縁山	文昭院	代参	松平左近将監乗邑
	17日	紅葉山	東照宮	代参	松平右京大夫輝貞
	30日	三縁山	有章院	代参	本多中務大輔忠良
9月	8日	紅葉山	霊廟(東照宮・台徳院・大猷院)	参詣	吉宗
	8日	日光山	御宮(東照宮)	代参使	高家吉良左京大夫義俊
	8日	東叡山	浄圓院	代参	松平伊豆守信祝
	10日	東叡山	常憲院	代参	松平左近将監乗邑
	14日	三縁山	文昭院	代参	松平伊豆守信祝
	17日	紅葉山	東照宮	参詣	吉宗
	20日	東叡山	大猷院	代参	松平左近将監乗邑
	20日	伝通院	光現院(綱吉養女松姫)	代参	寺社奉行牧野越中守貞通
	24日	三縁山	台徳院	代参	松平伊豆守信祝
	29日	三縁山	有章院	代参	松平左近将監乗邑
10月	9日	東叡山	浄圓院	代参	少老板倉佐渡守勝清
	10日	東叡山	常憲院	代参	松平伊豆守信祝
	14日	三縁山	文昭院・清揚院(徳川綱重)	参詣	吉宗
	14日	紅葉山	廟殿	参詣	家重(大納言)
	17日	紅葉山	東照宮	代参	松平伊豆守信祝
	29日	三縁山	有章院	代参	本多中務大輔忠良
11月	9日	東叡山	浄圓院	代参	少老本多伊予守忠統
	10日	東叡山	常憲院	代参	松平右京大夫輝貞
	14日	三縁山	文昭院	代参	松平左近将監乗邑
	17日	紅葉山	東照宮	代参	松平左京(近)将監乗邑
	晦日	三縁山	有章院	代参	本多中務大輔忠良
12月	9日	東叡山	浄圓院	代参	松平右京大夫輝貞
	10日	紅葉山	諸廟(東照宮・台徳院・大猷院)	参詣	吉宗
	14日	三縁山	文昭院	代参	松平伊豆守信祝
	17日	紅葉山	東照宮	参詣	吉宗
	晦日	三縁山	有章院	代参	松平右京大夫輝貞

第2表　元文元年徳川家祖先祭祀一覧

月	日	場所	参詣先	代参参詣の別	参詣者・代参者
正月	7日	日光山	(東照宮)	御使	前田信濃守長泰
	8日	東叡山	厳有院	代参	本多中務大輔忠良
	9日	東叡山	浄圓院(吉宗母)	代参	松平右京大夫輝貞
	10日	東叡山	諸廟(大猷院・厳有院・常憲院)	参詣	吉宗
	14日	三縁山	文昭院	代参	松平伊豆守信祝
	17日	紅葉山	東照宮	参詣	吉宗・家重(大納言)
	20日	東叡山	大猷院	代参	本多中務大輔忠良
	24日	三縁山	諸廟(台徳院)	参詣	吉宗
	24日	紅葉山	諸廟	参詣	家重(大納言)
	29日	三縁山	有章院	代参	松平右京大夫輝貞
2月	9日	東叡山	浄圓院	代参	少老本多伊予守忠統
	10日	東叡山	常憲院	代参	本多中務大輔忠良
	14日	三縁山	文昭院	代参	松平右京大夫輝貞
	17日	紅葉山	東照宮	代参	松平右京大夫輝貞
	晦日	三縁山	有章院	代参	松平左近将監乗邑
3月	9日	東叡山	浄圓院	代参	少老板倉佐渡守勝清
	10日	東叡山	常憲院	代参	松平右京大夫輝貞
	14日	三縁山	文昭院	代参	松平伊豆守信祝
	17日	紅葉山	東照宮	代参	松平伊豆守信祝
	晦日	三縁山	有章院	代参	松平右京大夫輝貞
4月	9日	東叡山	浄圓院	代参	少老西尾隠岐守忠尚
	10日	東叡山	常憲院	代参	松平伊豆守信祝
	10日	日光山	御宮(東照宮)	代参	高家大澤下野守基清
	10日	日光山	霊廟(東照宮)	代参	永井飛騨守直期
	12日	増上寺	明信院	代参	寺社奉行松平紀伊守信岑
	14日	三縁山	文昭院	代参	本多中務大輔忠良
	17日	紅葉山	東照宮	参詣	吉宗・家重(大納言)
	20日	東叡山	大猷院	代参	松平右京大夫輝貞
	29日	三縁山	有章院	参詣	吉宗
	29日	紅葉山	東照宮	参詣	家重(大納言)
5月	8日	東叡山	厳有院	代参	松平左近将監乗邑
	9日	東叡山	浄圓院	代参	本多中務大輔忠良
	10日	紅葉山	諸廟(東照宮・台徳院・大猷院)	参詣	吉宗
	14日	三縁山	文昭院	代参	松平右京大夫輝貞
	17日	紅葉山	東照宮	参詣	吉宗
	20日	東叡山	大猷院	代参	本多中務大輔忠良
	24日	三縁山	台徳院	代参	松平左近将監乗邑
	晦日	三縁山	有章院	代参	松平右京大夫輝貞
6月	9日	東叡山	浄圓院	代参	松平伊豆守信祝

という割合です。

代わりの者に参詣させる代参や日光山への使いを含めると、将軍は頻繁に参詣を求められていたといえます。代参先などを確認すると、家康が日光関係四回、紅葉山七回です。ついで家継十一回、家宣十回、綱吉九回、家綱二回の順です。家綱への参詣回数が少ない理由は不明ですが、他においては概ね毎月代参の者が立てられています。代参者は、その大半が老中ですが、日光山への代参者は、幕府にあって儀式典礼に関係した高家《こうけ》が務めます。

将軍以外の参詣先では浄圓院《じょうえんいん》が十三回と圧倒的です。この浄圓院は徳川吉宗の生母であり、老中六回、若年寄七回が派遣されています。また、これほど顕著ではありませんが、明信院《みょうしんいん》（綱吉娘）へ寺社奉行による代参一回、清揚院《せいよういん》（徳川綱重）へ自ら一回などを確認できます。

将軍の家族に関する祭祀行為を老中・若年寄が担う仕事として位置づけている点からは、徳川家の祖先祭祀という「家の行為」が、「幕府の行為」として昇華されていたと解釈することが可能でしょう。当然のことながら幕府では、徳川家関係者の命日や戒名などの情報集約が重要となります。祭祀行為は、寺院など宗教施設での執行となるため、寺社奉行が重要な役割をはたし、関係情報収集の窓口ともなります。その情報は寺社奉行の執務にも欠かせないものとなったわけです。

しかも、情報収集の範囲は、決して歴代の将軍に止まらず、それを遡る先祖たちも対象となっていくのでした。祖先祭祀が「家の行為」から「幕府の行為」へと昇華されることにより、先祖代々の事績確認は、幕府の存在そのものに関わる問題と認識されたといえます。こうした状況はとくに近世中期以降に進みますが、それは家の伝統が政治的な意味合いを増し、儀式や身分格式などの意義が重視されるようになる状況と連動しています。

やや話が広がりすぎましたが、祖先などに関する情報の集積が、新しい政治的な価値との関わりで進展していったといえるわけです。

松平初代宝樹院の法会情報

ついては、徳川家の先祖である松平太郎左衛門親氏《ちかうじ》（宝樹院《ほうじゅいん》殿俊山徳翁居士）をめぐる法会問題を手がかりに、当時の徳川家先祖の情報収集・管理がどのような状況にあったものか、検討してみたいと思います。なお、史料では宝樹院と芳樹院が混用されますが、本文では宝樹院に統一しました。

さて、親氏ははじめ徳阿弥といい、三河国松平郷（愛知県豊田市松平町）に移り住んで松平氏を称した最初の人物です。松平家の初代ということになります。しかし、同人の死亡については、現在でも諸説があり、もっとも早いものでは康安元年（一三六一）、もっとも遅いものは応仁元年（一四六七）とされます。墓所は三河国加茂郡松平郷の高月院《こうげついん》です。まず、この宝樹院（親氏）の法事執行問題に関連して、幕府の祖先情報の集約に関して考えてみたいと思います。ついては『大岡日記』寛保三年（一七四三）正月十九日の条にみられる記事に注目してみましょう。

(A)
一　左近殿自分紀伊守江被仰聞候ハ、因幡守被申上候宝樹院様三百五十回御法事之義、御留書と

も御吟味有之所、三百年忌御法事有之段不相見候、三百年之御法事無之候得ハ三百五十年之御法事ニハ及申ましく候、然とも今少御留書之内御吟味有之度も候間、此御吟味相済因幡守上候書付者御下ケ可被成候間左様ニ可心得之由被仰聞候、且又宝樹院様御年季応永之頃ニ相当候、其節ハ未三河江ハ御越不被成候、然らは(B)当年三百五十回之義者いつれよりくり出候哉、御位牌又ハ御石碑等ニも有之書出し候哉、何より書出し候哉との義各被尋之候御申、役者共江被尋可申上候、(C)扨又三百年御忌ハ元録（禄）年中相当り候、若増上寺ニ其節記録有之銀子抔ニても被下候之哉、此義役者江被尋可申上候由両人江被仰聞候

一　右之趣ニ付紀伊守申談、因州方江我等方より可申達之由申談候

一　右済九半時致退出、因州方先刻左近殿被仰聞候通り書付致シ手紙を以申達候、役者江尋候事因州病気ニ付差またき致にくき義も可有之ニ付、我等方ニ而相尋候而書付上ケ可申間、左様ニ被心得候様にと申達候

一　増上寺役者呼寄候所了碩参候間、高月院様三百五十年御忌当年御相当之義、いつれ之書面より書出し候哉其訳書付見申度候、是ハ我等相尋候事ニ候、扨又三百年御忌之節ハ銀子ニても被下候哉、増上寺ニ記録ニ有之候ハヽ、可書出之旨書付相渡候

正月十九日、老中松平左近将監は、寺社奉行の一人山名因幡守が先に提出した宝樹院三五〇回忌の法事伺いについて、寺社奉行に説明を求めます。あいにく山名因幡守は病欠であり、寺社奉行の大岡

と本多紀伊守の両人が応対します。

質問内容は、(A)宝樹院三〇〇回忌の法事について「御留書」などを調べたが確認できない。三〇〇回忌の法事執行を確認できないのであれば、三五〇回忌の法事は不要ではないか。今少し「御留書」を調べるが、実施を確認できなければ山名が提出した三五〇回忌の法事伺いは却下し、伺書を返却する。(B)今年を三五〇回忌とした根拠は何か。位牌や石碑等か。(C)三〇〇回忌があったとすれば、元禄期に当たるので増上寺の記録に記載がないか確認が必要である、という三点でした。

これに応対した大岡は、病欠の山名因幡守に代わって、早速増上寺の役僧を呼び寄せ、三五〇回忌の根拠と、三〇〇回忌に関する記録があれば、これを書き出し提出することを命じます。

そのやり取りによれば、今年が三五〇回忌に当たると主張したのは増上寺のようであり、増上寺からの三五〇回忌伺いにより、寺社奉行の山名因幡守は、その伺いを老中松平左近将監に提出したもののようです。

その後、正月二十二日、大岡は増上寺が提出した書類を老中松平左近将監へ届け、三〇〇回忌に相当する時期の「増上寺記録」が焼失しており、確認不能であることを伝えます。この報告に左近将監も、自身で各所を調べたが三〇〇回忌に関する記事はどこにもみえないと、その結果を伝え、三五〇回忌の執行を見送ることを命じます。

以上のような老中・寺社奉行のやり取りからは、本当に三〇〇回忌が実施されたものかどうか疑わざるを得ません。宝樹院三五〇回忌執行を願った増上寺の狙いが問題といえます。ただし、具体的な記述は、『大岡日記』にも何も記されません。この三五〇回忌問題は、おそらく寺院などからの執行願いを、寺社奉行が充分な確認もないままに老中へ伺いを立てた結果起こったものでしょう。いうまでもなく、寺社奉行がこれを確認するに充分な情報を有していたものかどうか、情報問題とするとそこが一つのポイントです。また、もう一点は、やや事実関係に問題が残るものであれ、江戸時代中期になると、徳川家の回忌執行願いなどは、幕閣において了解を得やすいものとして存在したのではないかという点です。つまり、先に徳川家の祖先祭祀が「家の行為」から「幕府の行為」へと昇華される状況を指摘しましたが、そうしたなかでは、法会の執行は、葬儀の次に重要なものと認識され、充分な確認もないままに比較的容易に老中段階まで、その願書が上がっていくことになったといえます。

いうまでもなく、こうした状況のなかでは、三五〇回忌執行願いを、根拠のないこととして却下しただけでは問題の解決にはなりません。何よりも徳川家祖先の事績や死に関する情報をできるだけ正確に把握することが必要となるわけです。

広がる情報収集

三五〇回忌願いが却下されてしばらく後、二月九日、老中松平左近将監乗邑は、寺社奉行に徳川家と所縁がある三河国加茂郡松平郷高月院、同国額田郡岩津村信光明寺《しんこうみょうじ》、同国額田郡鴨田村大樹寺、同国額田郡岡崎町能見松応寺の「御代々御廟御位牌」「松平家廟位牌」を俗名とともに書き出し、提出することを増上寺に連絡するように指示します。増上寺への指示は、同寺が同じ浄土宗の僧録所（触頭）として存在したためです。幕府は触頭を介して関係の寺院へ連絡する方法を作り上げ、寺院における情報伝達・収集は、宗派ごとに行われました。具体的には、地方の末寺―本寺―触頭―寺社奉行という関係で幕府が指揮したものです。

なお、本寺や触頭は仲介を基本とし、情報そのものは当事者たる寺院に残り、本寺―触頭―寺社奉行などの各段階では、控の記録なども残されないことが普通でした。第一節で指摘した寺社奉行の記録が存在しないという状況は、この点とも関連していたのです。

いずれにしても、松平親氏の三五〇回忌問題から、松平氏歴代の祖先情報の集積が不十分であることが認識され、親氏情報はもちろんのこと、徳川家関係者の情報収集へと展開したといえます。

また、こうした展開は、連絡のあり方からすると老中松平左近将監が主体的に動いているようですが、『大岡日記』寛保三年（一七四三）二月十二日の条には、次のようにみえています。

十二日　吉

一　四時登城

（中略）

一　遠江殿御申候ハ、先日御沙汰有之候(A)芳樹院様御忌日之義、まち〳〵にて色々有之候得共、高月院ニ有之御位牌之年号月日慥ニ可有之候、就夫親氏様より御代々之御位牌御廟共ニ三州寺々ニ可有之候、寺社奉行方之書留ニも可有之候、其寺々相尋書出させ可申候、尤御男女共之御儀ニ候、(B)書出候ハ、寺社奉行方ニ書留置候様ニ可仕之旨御意之段御申聞候間奉畏候、(C)私共方ニも不大形有之候得共悉クハ御男女共ニ無之候、(D)此間右之趣左近殿より被仰聞三州江申遣候、権現様御時分不残大樹寺江御集被差置候由承候旨申上候、(E)其後左近殿ニも猶又右之通被仰聞、此上不残候之様ニ可仕之由被仰聞候、扨又三州岡崎ニ隋念寺と申有之、左近殿御先祖之方御入候而、先年御年忌之節公儀より銀子被遣左近殿よりも銀五枚被遣候義有之、ケ様成も有之間もれ不申様ニ可仕之由被仰聞候

書き出し部分にみえるように、ここでの記事は御側御用取次加納遠江守が大岡へ伝えた話ですが、加納の話は将軍吉宗からの指示によることは先に述べてきた通りです。

将軍吉宗の指示をまとめると、(A)宝樹院の御忌日は、たいへんまちまちである。高月院の御位牌には確かに年号月日がみられるが、三河国の各所寺院に存在する代々の御位牌・御廟の情報を、女性を含めすべて提出せよ。(B)その情報は寺社奉行方で書き留めよ、という二点です。

これに対して大岡は、(C)大方の情報は、寺社奉行方でも今日有しているが、すべての情報が揃っているわけではない。(D)お話の点は、先日老中松平左近将監から伺い三河の関係寺院へ連絡した。権現様の時代に御代々の情報は、すべて大樹寺に集められたと聞いている、と応じています。

そして、日記には、(E)この加納からの連絡の後に、老中松平左近将監からも、同様の連絡があり、

関係の情報をすべて収集するよう命じられたことが記されます。

これまで、この件は老中と大岡との間で処理が進んできており、突然将軍が分けて入ったような形ですが、将軍がこの問題から離れていたということではなさそうです。先の史料からは三五〇回忌の執行願いは将軍吉宗自身によって却下されたことが明らかではないでしょうか。おそらく、三五〇回忌願は、増上寺↓寺社奉行大岡↓老中↓将軍というように進達され、将軍が判断のうえ却下したとみて間違いないでしょう。

先祖の葬送・回忌情報などの集約に関する指示は、その処理のなかで注目されたものであり、将軍↓老中↓大岡という形で調査の準備が進められてきたわけです。この段階での伝達の重複は、将軍が老中と大岡双方に、同様の指示をしたためと考えられます。老中はそのことを了解していなかったものか、あるいは了解していても手続きに従って伝達したものでしょう。

このように考えますと、問題は将軍が御側御用取次加納を介して、大岡に直接指示を与えた理由です。この点に関わり注目される点は、二月九日の老中からの指示では、調査対象が三河の高月院・信光明寺・大樹寺・松応寺が有する徳川・松平の御位牌であったことです。今回（二月十二日）の将軍・老中の指示は、対象地域を三河国全体、対象者を男女を問わないとしていますので、より徹底した情報収集へと基準を広げたといえます。将軍吉宗からの直接の連絡は、この点に関わると思われます。つまり、この変更が将軍自身の発案であったこと、そして指示の変更という緊急を要することが理由に考えられるのです。

なお、日記にみえた大樹寺は、徳川家康はじめ松平氏代々と関係が深い寺院であり、家康の代には、将軍家先祖の菩提所にして将軍家位牌所という役割を与えられています。家康をはじめその後の将軍の位牌は、幕府から大樹寺に送られ、祀られました。大樹寺の寺務は、松平氏代々、歴代将軍の位牌を納め、毎年の祥月命日をはじめ、毎月の命日に法要を営むことを専らとしました。寛政十一年（一七九九）の「諸末山由緒書」（大樹寺所蔵）によると大樹寺に付属する末寺二十四、孫末寺は二十、曽孫末寺二であったといいます。また、幕府や江戸増上寺との折衝に当たる役僧が増上寺の山内に常駐していたといいます（『大樹寺の歴史』六十三頁、大樹寺刊、一九九七年）。

さて、将軍・老中の指示によって進められることになった、徳川家関係者の位牌や廟所の確認調査は、約三ケ月を要し、五月三日、大岡から老中松平左近将監・御側御用取次加納遠江守へ、成果が報告されます。『大岡日記』には次のようにみえます。

一　左近殿江当二月九日御書付ニ而被仰聞候諸国御菩提所書付帳面一冊袋入、三州遠州駿州寺院より書出候松平家廟位牌書付帳面一冊、当正月廿二日被仰聞候徳阿弥様十六代目之遊行御弟子ニ被為成之由触頭日輪寺江相尋候書付一通、但慥成義者不相知之旨書上候（中略）、口上ニ而諸国御菩提所之帳面者遠江守江も差出候之旨申上候処、左近殿より御上候而能候間上候様ニ被仰候ニ付、遠江殿江可上筈に持参之帳面左近殿江上候、是ハ都合同様之帳面弐冊上之

「諸国御菩提所書付帳面一冊」「三州遠州駿州寺院より書出候松平家廟位牌書付帳面一冊」などと題した報告書が提出されており、書名からは、対象地域が「遠州・駿州」にまで広がったことが確認されます。この点につき『大岡日記』にはなにも記されませんが、より徹底した情報の集約化が試みられた結果でしょう。

なお、後半の記述からは、老中を窓口に作業を進めているようであり、報告書も老中を介して、将軍へ提出する方法がとられたことがわかります。

その後、老中松平左近将監は、いくつかの寺院が洩れていることを指摘し、データの補充・再提出を求めています。

八月八日の条には「遠江殿江左近殿江上候諸国御菩提帳面壱冊、三州遠州駿州有之松平家位牌廟有之寺院帳面壱冊進達、左近殿江申上候通申達、五月進達之帳面者火中被下候様ニと申達候」とあり、新規のものが提出され、五月に提出したものの処分が求められています。徳川歴代の重要情報を記す内容だけに、その情報を慎重に取り扱った結果でしょう。

いずれにしても、寺社奉行をはじめとする幕府中枢の役職では、組織運営上必要となる情報を自ら集積して、手元に置く状況が進んでいたことは間違いありません。三五〇回忌問題から出発した事柄が、その出発とは異なり、情報の整備へと比重を移していった点に注目しておきたいと思います。

朱印状にみる幕府発信情報の管理

幕府が体制を維持していくうえで、管理すべき情報とは何か。徳川家先祖代々に関する情報もその一つであり、それらは、近世中期、計画的に収集され、幕府の利用に備えられていったといえます。寺院個々の情報が断片的に存在したのでは、充分な価値を有さず、網羅的に一定のフォーマットで情報が集積されることによって、大きな利用価値を生み出すことが理解されはじめているわけです。情報利用が新しい段階に突入したということもできるでしょう。

そして、こうした体制がある程度築かれると、次には、過去に発した文書に関しても、注意が払われることになります。その一端を検討してみましょう。

まず、『大岡日記』寛保三年（一七四三）二月十日の記事に注目したいと思います。

一　遠江殿江一昨日御申聞候浪人塚原新三郎方ニ有之三州富賀寺江被下候慶長八年八月廿六日と有之権現様御朱印一通、遠州見付宿治大夫文蔵方迄願候権現様升之御朱印一通、是ハ治大夫代々所持仕候得共、身上不如意付而当御地江罷下奉公仕度候得共、御朱印差置候所無之ニ付此度差上度旨相願候、此義一昨日遠江殿江御物語致置候付今日一所ニ上之、但右之訳書付相添御朱印二通白木之箱ニ入白木之台ニ載上之

一　右之外御用無之九時過致退出候

一　遠江殿より手紙ニ而、先刻上候新三郎所持之御朱印右寺ハ今以有之寺領も御朱印之通被下候

哉、又ハ何とそ品有之寺者退転致候哉、右否吟味候て相知次第可申上候、右者寺社領之帳面吟味候而も相知可申旨申来候、返答寺領帳面吟味候之所、慶長八年之御朱印より御代々之御朱印有之候、富賀寺義古儀真言（ママ）ニ候付高野学呂（侶）在番江申付吟味仕、追而可申上之由、帳面有之御朱印之分不残写一冊御返答ニ相添進達之候、右寺社領御朱印留帳当年番ニ付、我等方ニ有之付、早速吟味候而申上候

これは、記録管理の点からするとたいへん興味深い内容（事件）といえます。発端は塚原新三郎という浪人が二点の徳川家康発給文書を、甘藷《かんしょ》先生として著名な青木文蔵《あおきぶんぞう》（昆陽《こんよう》）を介して大岡の元に提出したことでした。青木文蔵が、なぜ仲介することになったのか、まず、同人についてちょっと触れておきます。

青木文蔵は、元禄十一年（一六九八）、江戸日本橋の魚問屋の子として生まれます。しかし、家業に関わることはなく、京都で古義学の伊藤東涯に師事し、二十七歳で江戸八丁堀に塾を開き、古学を講じます。

しかし、享保末年の西国を中心とする飢饉で多くの人々が飢餓に苦しむのをみて、薩摩芋の普及を目的に『蕃薯考《ばんしょこう》』一巻を著したのでした。同書は町奉行大岡を介して将軍へも献上され、享保二十年（一七三五）には刊行され、全国に流布することになりました。また、幕府でも薩摩芋を広く配付するなどして、栽培の普及に努めます。文蔵の取り組みは多くの人々の生活安定に大いに貢献したとい

えます。

しかし、彼の活躍は、これに止まりません。元文四年（一七三九）に幕府「御書物御用達《ごしょもつごようたつ》」に登用され、翌五年には寺社奉行大岡の指揮の元に、甲斐・信濃・武蔵・相模・伊豆・駿河・遠江・三河などをはじめ、各地の古書旧籍を採訪し、これを幕府へ提出します。これらの功績により、延享四年（一七四七）には評定所の儒者となり、明和四年（一七六七）には、書物奉行へ昇進します。その他、将軍徳川吉宗の内意を受けてオランダ語を学習するなど、蘭学関係でも多くの業績を残しました。

青木文蔵が、先の『大岡日記』において、二点の徳川家康関係の古書を取り次いだ理由も、この幕府「御書物御用達」に関係してのことでした。この職務は古書旧籍を広く収集し、それを幕府に提出することが務めであり、提出の窓口は大岡、最終的な提出先は将軍と考えられます。当時、大岡は直接の上司であったために、『大岡日記』に青木文蔵に関する記事が多数散見するわけです。

ところで、提出された家康関係の二点の文書とは、一点が三河国富賀寺《ふかじ》宛の慶長八年（一六〇三）八月二十六日付の「権現様御朱印」、もう一点は遠江国見付《みつけ》宿《しゆく》治大夫《じだゆう》が代々所持してきた「権現様升《ます》之御朱印」です。

この二点の文書がなぜ提出されることになったのか、そこが問題です。後者の見付宿治大夫が所持してきた「権現様升之御朱印」については、『大岡日記』に、所持者である治大夫が「身上不如意付而当御地江罷下奉公仕度候得共、御朱印差置候所無之ニ付、此度差上度旨相願候」と述べたとあります。

見付宿の治大夫家がいかなる経済状態に置かれ、江戸奉公を決断したものか詳細は不明ですが、奉公先では朱印状を保管する場所もないため幕府へ提出したというわけです。

「権現様升之御朱印」の具体的な内容は不明ですが、治大夫家にとっては、家の由緒を語るうえでも重要な存在であったといえます。しかし、その重要な書類も、適当な置き場所がなければ、差し上げるべき存在と認識している点に興味を引かれます。粗末な取り扱いを回避しようとする考えに発したものでしょうか。治大夫の心の内はわかりませんが、治大夫の行動からは、提出した場合、幕府が受け入れる可能性があったことが考えられます。可能性がなければ、青木―大岡―加納などと上申されるはずもなく、早い段階で却下されたはずです。この場合、見付宿治大夫が徳川家康の文書をどう捉えたかではなく、幕府がどう考えていたかが重要といえるわけです。

富賀寺朱印状の真偽鑑定

それでは、もう一通の富賀寺の御朱印はどうでしょうか。この点は大きな問題となりました。ちなみに富賀寺は三河国八名郡中宇利村（愛知県新城市）に朱印地二十石を領する高野山真言宗の寺院です。最大の問題は、寺とは関係ない浪人がなぜ、富賀寺の朱印状を有していたのかという点です。そのため、先の二点の朱印状の提出を打診された御側御用取次の加納遠江守は、すでに江戸城での仕事を終え、帰宅していた大岡に、次のような問い合わせの手紙を送っています。

それは、「寺は今もあるのか。寺領は御朱印の通りか。この点は、大岡の手元の「寺社領御朱印留帳」でも判明するはずであるから判明次第連絡せよ」という内容です。

大岡は、早速、「寺社領御朱印留帳」を取り調べ、富賀寺が存在すること、また、同寺には慶長八年（一六〇三）の御朱印以降歴代の将軍の御朱印が発給されていることを確認します。その上で大岡は朱印を残らず写し、一冊の帳面に仕立て、返答書に添えて加納に提出します。

こうした素早い対応は、先の『大岡日記』に「右寺社領御朱印留帳当年番ニ付、我等方ニ有之付、早速吟味候而申上候」とあるように、大岡が年番を務め「寺社領御朱印留帳」を所持したために可能となったことです。年番と朱印留帳の関係については、第二講で述べますが、集約された情報の存在が速やかな対応を可能にしたといえます。

年番を務める大岡の手元に朱印留帳が存在することについては他の寺社奉行はもちろん御側御用取次・老中・将軍なども承知していたと考えられます。朱印留帳は幕府全体の情報源としての性格を強めていたとすることもできるでしょう。当時、情報問題では失態を演じる寺社奉行ですが、朱印留帳に関しては、必要に応じて速やかに確認できる態勢を整えていたわけです。

さて、予想外の箇所から富賀寺の朱印状が提出されたため、富賀寺へも連絡すべく高野《こうや》学侶在番《がくりょざいばん》に出頭が命じられます。高野学侶在番は高野山古義真言宗の江戸在番であり、これを介して諸国の同宗派の寺院へと連絡するシステムでした。先ほどの三河高月院が増上寺から連絡を受けたのと同じです。

二月十二日、この件に関して再度大岡と加納の間でやり取りがみられます。その一部を示してみましょう。

（前略）扨又御朱印持主浪人塚原新三郎江出所之義とくと相尋候処、八九年此方勢州ニ罷有候町人方より古筆調又ハ貰も仕候其内ニ御朱印有之候、右之町人身上よろしき者ニ而、当御地にも家屋敷持候ものゝ由申候、右之通御座候得ハ、富賀寺御朱印盗れ候之物ニても御座候哉、左候ハ、其節之奉行江相届可申義ニ候、たとへ届候とも届帳と申義無之故、当時ハ相知かたく可有之候、右之躰有之付近年ハ届帳と申帳面拵置、付置候得共、先年之義者難知由申上候処、右之通御申上可有之由御申候

加納に朱印状の出所を問われた大岡は、「御朱印状は勢州町人から貰い受けたもののなかに混じっていた一点であり、その町人も江戸店を持つ身上よろしきものであるため、出所については問題はない」と答えます。これに対して加納は、それでは御朱印は富賀寺から盗み出されたものではないかと想定し、寺からの紛失であれば、紛失届が、時の寺社奉行に提出されていないかと、大岡に問います。これに対して、大岡は、たとえ届け出たにしろ、当時は「届帳《とどけちょう》」が作成されておらず、確認の手段がないと返答し、そのうえで、近年は「届帳」を作成し、記録していることを主張するのでした。加納は、この問題をすでに将軍に伝えており、ここでのやり取りも基本的には、将軍と大岡との議論であったといえます。

また、「届帳」の議論からは、寺社奉行の情報処理の一端が明らかであり、大岡の指摘によれば、

近年になってはじめて「届帳」が作成され、書き継いでいく形が整ったことになります。これなどは、前節で述べた寺社奉行の情報管理の不備問題と同じといえます。やや行論からはずれていますが、上中文書に対する寺社奉行の対応として付け加えておきたいと思います。

さて、朱印状問題に関わり、次の寛保三年（一七四三）二月二十六日条に注目してみましょう。

一　遠江殿江先達而申上候通、三州富賀寺昨日参着ニ付、御朱印之義尋候処、(A)権現様御朱印所持仕罷有、先達而上候御朱印之通御文言年号月日共ニ少も相違無之候、(B)御朱印ハ違申候、それより御代々当御朱印共ニ六通此度持参拝見仕候、(C)如何様之品にて権現様より奉初御朱印被下候哉之義相尋候処、其訳ハ一向不存候由富賀寺由候、是ハ今川家より寄付之書付有之ニ付、如先規之との御文言にて御朱印被下候義と存候旨、今川家之書付、去年文蔵三州江被遣候節富賀寺方之右之書付も二通有之、上覧之上旧冬御返し被成候内有之候、右之趣共書付一通、権現様より御代々之御朱印写六通、今川家之古書写三通、去十日上候権現様御朱印之写一通、是ハ御本紙上ニ有之候得共為御覧被合上之候

二月二十五日、富賀寺は寺の朱印状をすべて持参して出府します。大岡は一通りの事情聴取のうえ、翌二十六日、加納と面談しました。その要点は、(A)問題の御朱印状と持参の朱印状の文言、年月日は全く同じであること、(B)御朱印は異なること、(C)家康が発給した理由は不明であること、の三点であり、大岡は富賀寺が持参した朱印状の写しも加納に提出します。

さて、後刻、加納は大岡に手紙を認め、同じ年次で同じ文言であることの理由を問い、寺は家康が発給した朱印状を紛失し、再発行を受けたものではないか、その点の確認を求めます。もちろん、この確認を指示したのが将軍吉宗であることはいうまでもありません。

翌二十七日、大岡は富賀寺に再発行の有無を確認しますが、同寺は全く事実を承知していない旨を返答し、それが加納に伝えられています。

このため、二十九日には、富賀寺が持参した朱印状の提出が求められます。写しはすでに提出済みでしたが、浪人提出分の吟味には、現物との引き合わせが必要とされたのです。大岡は同日のうちに富賀寺に持参させ、翌三十日に加納へ提出します。

その後の経過を簡単に紹介しましょう。三月三日、この日は上巳《じょうし》の節句（桃の節句）であり、諸大名・旗本たちが登城のうえ、将軍へ季節の御礼を申し上げますが、殿中での諸行事が済んだ後に、加納は朱印状の検討結果を大岡に伝えます。すなわち、加納側では幕府儒者である林大学頭などを吟味に加え、浪人が提出した朱印状の印形が、幕府の印形控である「御印御扣《おしるしおひかえ》」にもみられないことを確認し、真偽のほどを確定したのでした。「御印御扣」は、林大学頭が有していた情報であったと考えられます。

偽文書であることが確定すると朱印状は大岡のもとに返却され、その取り扱いについて加納から指示が与えられます。

すなわち、たいへん紛らわしいものであるため大岡の方で焼き捨てること、浪人へその旨を伝える際には、すべて大岡の判断という形をとること、の二点です。

『大岡日記』三月四日の条には、「富賀寺寺領之御朱印一通今日焼捨、灰者海江流し申候」と記されており、実際に焼き捨てのうえ、灰は海に流しています。また、八日には富賀寺から提出された持参の御朱印も、同寺に返却されました。なお、富賀寺へは三州から出張ということもあり、銀五枚が下されることが、将軍吉宗の意向で決定しました。

さて、以上からは、浪人が提出した富賀寺朱印状の検討が、さまざまな方法で進められたことが明らかです。

すなわち、①富賀寺の有無、幕府から富賀寺への過去の発給文書の確認、②富賀寺所蔵文書との照合、③林大学頭による「御印御扣」を利用しての鑑定などであり、その情報源は大岡など寺社奉行が収集・集約している情報、富賀寺といった当事者が有している情報、そして、直接には関連を欠く部署が有する情報へと、対象範囲は広がっていき、それらの情報を総合化して、はじめて判断を下したことになります。ここでの朱印状鑑定は、極めて科学的な手続きを踏んだものであり、今日の歴史学における史料検討と何ら変わりありません。場合によると幕府の鑑定の方が的確といえるかもしれません。

もちろん、こうした縦横にわたる情報利用は、誰もが可能になったわけではなく、将軍が取り仕切ってはじめて可能になったといえます。組織が家的な色彩を残しながら、縦割りに編成されている状況では、情報の縦横にわたる利用は、将軍吉宗以外ではなかなか難しいと思われるわけです。ただし、寺社奉行への情報の集積・集約についての指示は、情報の資源化を通じて執務環境の整備を狙ったものであり、それこそ、今日のナレッジマネジメントの考えに近いものがあるように思われます。

しかし、こうした将軍吉宗の判断も、決して個人の資質のみによるわけではなく、当時、政治の世界でも情報の管理・資源化が欠かせぬ段階に至っていたということです。適切な対応ができなければ、幕府の存在そのものが否定されかねないという、そうした危機感が情報の管理・資源化を必然化したといえるでしょう。

もちろん、当時の組織構造は、個々の家の存在を重視するなどたいへん複雑です。そうしたなかで御役に就いた者たちは、どのように情報管理を実現したのでしょうか。

次には、引き続き寺社奉行を事例に、組織構造とそれに規定された勤務形態、そして記録の取り扱いについて検討してみたいと思います。

第二講　寺社奉行の月番制と情報伝達

第一節　月番制と文書管理

寺社奉行の月番制

ここでは幕府寺社奉行の文書管理について組織のあり方との関わりで検討したいと思います。話を進めるにあたり、最初に次の三点を確認しておきます。

第一は寺社奉行職が譜代大名による役職であり、その員数が四人ほどでほぼ確定していた点、第二は殿中に執務のための詰所が設けられず、その大半が大名の江戸藩邸を用い自藩の家中の者たちによって遂行された点、第三は月番制によって四人の寺社奉行が月ごとに順番に業務を担当した点です。

寺社奉行の文書管理のあり方は、こうした当時の執務形態・組織形態に大きく規定されていたといえます。ついては、まず寺社奉行の月番制と、執務を支えた下僚について簡単に確認することにします。

幕府の政治機構を考えるうえで月番制はたいへん重要な特色といえます。寺社奉行ばかりでなく、老中・若年寄・大目付・町奉行などの役職でも採用されています。ただし、月番制のあり方は、各役職によって異なり、月番以外の月の勤務形態なども一律とはいえません。それぞれについて具体的な検討が必要です。

寺社奉行の場合、先に述べたように四人ほどの奉行が月交代で順番に業務を担当する形が基本ですが、担当月のみ仕事をするということではありません。たとえば『大岡日記』寛保三年（一七四三）五月二十二日の条には、「左近殿江山王神領武州阿佐谷村相願候用水口付替之義ニ付伺書一通絵図壱枚壱袋ニ入上之、御月番ニハ無之候得共地方江付候故上候由申上候」とあります。これは寺社奉行大岡が老中松平左近将監《さこんしょうげん》乗邑《のりさと》へ山王神領《さんのうしんりょう》の用水口付け替えの伺書を提出したとの記事ですが、そこで、大岡はことさらに「御月番ニハ無之候得共地方江付候故上候由申上候」と述べています。「月番担当ではないが、地方《じかた》関係であるため、伺書を老中に提出しました」というわけです。この大岡の注記からは、寺社の領地に関わる問題は月番制に関係なく老中へ伺うことができたこと、また、逆に寺社そのものに関する問題は、月番担当時にのみ老中へ上申できたことが明らかといえます。

また、月番担当者は殿中での対応をはじめ、訴訟の受理など新規に発生するすべての事務を担当するため、しばしば訴訟を裁ききれないことが起こります。訴訟では事実関係の確認に多く時間を要するものもあったわけです。この場合は月番終了後にも訴訟解決に向けた活動が続くことになります。

理想的には、次の月番が廻ってくるまでに、積み残した案件をすべて処理できれば順調といえましょう。さらに、寺社奉行は、内寄合の席や評定所へ参加するため、月番外であっても、務めは忙しかったことが考えられます。

当然のごとく、寺社奉行が執務を円滑に遂行するには、彼をサポートするシステムが必要でした。システムのあり方としては、奉行の交代に関わりなく、同じ事務組織がこれを支えることも考えられますが、そうした形は採られず、寺社奉行の場合、それぞれが自らの家臣で事務組織を編成しました。一部、評定所吟味物調役《ひょうじょうしょぎんみものとどのいやく》が加わりますが、旗本・御家人で事務組織を固めた勘定奉行・町奉行などとは大きく異なります。

寺社奉行は家臣をもって寺社役・大検使・小検使・物書《ものかき》などの係を設定します。これはいずれの寺社奉行の場合も同じであり、それぞれの係の担当事項も決まっていました。寺社奉行相互で連絡を取り合ううえでも、同様の組織構造であった方が都合がよかったわけです。

さて、このように話を進めますと、寺社奉行の組織構造が、今日の組織体のものとは大きく異なることに気づくでしょう。たとえば、現在の市役所などをイメージするならば、市長がおり、これを支える事務組織「市役所」が存在するという組織構造です。寺社奉行の場合は、その事務組織が四つ存在することになります。しかも、基本的な機能は全く同じです。たとえば、担当月にはAの組織が責任を持って仕事を進める。そして、次の月になるとBの組織が同様に仕事を遂行するわけです。月番の交代は、寺社奉行の交代のみならず、仕事を担う事務組織の交代をも意味したのです。なぜ、同じ機能を果たす組織が四つ存在することになったのでしょうか。たいへん無駄なように思われます。

こうした月番制のあり方を当時の家臣団編成との関わりで勘案しますと、それは戦いの場での軍団編成に近いように思われます。軍団編成では、たとえば大名などをトップにピラミッド的に侍が編成され、大名は各武将を通じて兵士を動かします。お前の隊は右から攻めろ、お前の隊は左から攻めろという具合です。各組織が有する基本的な機能に違いはありませんが、同じ目的に向かって複数の組織がそれぞれ創意工夫のもとに参戦するわけです。戦闘集団というと没個性的な存在と考えがちですが、工夫もなく参戦したのでは命を失いかねません。勝つために、生きるためにそれぞれが工夫のうえに、務めに従事することは当然です。平時には、それぞれの組織は、基本的に別々に存在し、住居も、生活の場も異にします。戦いになると大名の元に寄り集まっているに過ぎなかったわけです。

月番制は、戦国時代までに形を整えた武士団の軍団編成の形が、そのまま執務組織のなかにはめ込まれたものと考えてみたいと思います。それぞれの武将（奉行）がそれぞれ月単位で御用を遂行し、終われば次の者が担当する。もちろん、担当期間中に何かあれば、奉行たちが寄り集まって相談もする。しかし、基本はそれぞれが独立した組織として創意工夫のうえ事務を遂行したのです。

月番制とは基本的にそうした、個々の集団の独自性と、将軍と大名という主従的な関係を踏まえて生み出されたものといえます。個々の集団の判断を尊重する姿勢は、たとえば裁きの場面での裁量権などに明らかです。訴訟の裁定をどのように行うか、その判断は担当寺社奉行の意見を尊重することが約束されています（『内閣文庫所蔵史籍叢刊』十三所収「祠部職掌類聚《じぶしょくしょうるいじゅう》」のうち「寺社奉行新役被仰付候部」）。

しかし、奉行それぞれの裁量権は、法が整備され、組織の論理が優先されるなかで、次第に調整・縮小されていくことになります。全体の政治システムのなかに独自性が吸収されていくわけです。寺社奉行の情報・記録の動向を確認する場合も、独自性と全体システムへの統合という問題は重要な論点と考えます。これらの点に留意しながら、月番制のあり方を考えることが必要となるのです。

月番制と月番引き継ぎの文書箪笥

ついては、月番制の下における文書管理の一端を、引き続き『大岡日記』を用いて具体的に検討したいと思います。まずは、元文五年（一七四〇）四月二十九日の次の記述に注目願います。

一　来月月番付御用箱御朱印箱越中守より田中小右衛門を以被差越之、如例之請取之

史料は「来月月番につき」と始まりますが、これは来月の担当が大岡忠相であることを示しています。つまり、来月（五月）は月番担当であるため、御用箱と御朱印箱が四月月番の越中守（牧野貞通）から届いたというのです。

そして、五月晦日の日記には、

一　月番仕廻候ニ付来月月番紀伊守江御用箱御朱印写入候箱共ニ源太以遣之

とみえます。「月番仕廻《しまい》候ニ付」とは、月番が終了したということであり、「自分の月番が終わったので、次の月番紀伊守（本多正珍）へ二つの箱を送った」という内容です。同様に日記を調べますと、月番になると箱が届けられ、月番が終わると箱が送られる記事を月末部分に頻繁に確認できます。元文五年の月番担当は、二月本多紀伊守正珍、三月山名因幡守豊就、四月牧野越中守貞通、五月大岡越前守忠相、六月本多、七月山名、閏七月牧野、八月大岡、九月本多、十月山名、十一月牧野、十二月大岡という順番であり、この月番担当に合わせて二つの箱が動くのです。

箱の中身は書類です。月番業務の遂行に必要な書類が、月番から月番へとぐるぐる廻っているわけです。

現代社会では、私たちが職場へ出勤し、そこで書類を作成・利用して仕事を進めますが、寺社奉行の場合は違います。担当月になると、人は動かないで書類の方がやってくるわけです。こうしたあり方は、いうまでもなく組織のあり方に規定されているわけです。

月番になると届けられるこれらの書類の性格が問題となりますが、これらは寺社奉行職の者が共同で管理する共用文書ということができそうです。

寺社奉行は月番制のもとで個別に業務を担当しますから、それぞれが円滑に執務を遂行するために、必要とする文書・記録を発生・管理することになります。しかし、その一方で四人が月番で事務を担当するというシステムのあり方から、次第に執務の継続・均質化が求められたと考えられます。それが共用の文書を生み出す力になったものでしょう。共用文書は日々の執務遂行にも欠かせぬものとなり、月番から月番へと引き継ぐ体制が成立したわけです。ここでは引き継ぎの対象となる、これらの文書類を月番文書と呼んでおくことにします。

ところで、この文書の引き継ぎに大きな変化が起こりました。『大岡日記』元文五年十二月晦日の記事に注目したいと思います。

一　兼而同役衆相談之上、御用箱之内年久敷書物当分御用に無之分、去十八日寄合之節、日六（録）を以寄分ケ置候分一簞笥に入幷諸宗江被下候御朱印写入候一箱目録相添、是又申合之通来年番越中守方江左右太を以今日遣之

一　月番仕廻候ニ付、来月番紀伊守方江源太を以御用簞笥壱ツ白封ニ而遣之、兼而相談之通、年久敷書物当分御用ニ無之分一簞笥ニ入、諸宗御朱印写入候箱共ニ、来年番越中守方江今昼遣之候ニ付、一簞笥此度為持遣之由、尤年番預之書物目録ニ記、簞笥江入置候旨口上申遣之、紀伊守方ニても一簞笥斗之義白封之事付、源太ニ例之ことくニハ逢不被申由、尤料理者前々之通出し候旨源太申聞、紀伊守も右之趣被申聞、向後右之通可致之由猶又申合候

月番から月番へと引き継がれた箱は二つあり、一つが御朱印箱、もう一つが御用箱でした。御朱印は領地の宛行状《あておこないじょう》であり、将軍の朱印をもって発給されたことから、当時においてはたいへん権威的

な文書です。全国のすべての寺社が発給を受けたものではなく、有力な寺社のみが対象であったため、その文書は寺社の存在に関わる文書であったといえます。寺社奉行では、その朱印状の写しを御朱印箱に収納していたわけです。

そして、もう一つの箱には月番寺社奉行が必要とする事務文書類が収納されました。右の日記の記事によれば、当時、この箱の書類の分量が増大し、取り扱いに困る状況が起こっていました。

そのため寺社奉行は中身を点検し、必要なものと、当面不要なものに二分し、それぞれ異なる箱に収納することを決めます。作業は、まず目録を作成し、目録上で取捨選択し、そのうえで実際に文書・記録類を分ける方法が採られました。この必要なものと、不要なものを分類する行為は、利用の際の利便性を高めるためのものですから、月番が共用してきた文書はよく利用される存在であったことになります。

そして、必要なものを入れた箱は今まで通り月番へ引き継ぎます。一方、当面不要なものを入れた箱と、先ほどの朱印状の写しが入った箱は、今までとは異なり、年番へ送ります。年番へ文書の入った箱を送ることは、これがはじめてであり、新しい管理、引き継ぎ方法がこの時生み出されたことになります。

年番に関しては、充分なことは何もわかりませんが、これも寺社奉行が年交代で順番に務めます。四人ですから、原則的には四年に一度廻ってくるわけです。

なお、第一講で紹介した三州富賀寺の朱印状を確認する際に利用した記録とは、この年番箱に収納された朱印状写しでした（五〇頁）。

ところで、年番簞笥はこの元文五年十二月の新設ですが、月番簞笥はいつ発生したのでしょうか。的確な史料にはいまだ巡り会えませんが、天明四年（一七八四）から寛政十年（一七九八）まで十五ケ年間にわたって寺社奉行を務めた松平右京亮《うきょうのすけ》輝和の編纂とされる「祠部職掌類聚」所載の「寺社方諸覚」には、元禄十六年（一七〇三）の通達のなかに次のような記事がみられます（『内閣文庫所蔵史籍叢刊』十三、一〇〇頁）。

　　子犬之事

一　子産候由申来候節者、検使遣毛色男女相改養育申付候事
　但、御月番廻り箱ニ有之帳面ニ記之、追而御小屋江納り候、来犬納メ御月番懸りニ成申候事、尤相納候節右犬書付認、若御老中犬之方御懸り江壱通、犬之方御懸り御目付衆江一通遣候、其以後相納候日限御目付衆御申付、犬主方江申遣御小屋江五ツ時籠ニ入参リ候様申渡、犬主方迄見立ニ歩行目付之者遣之

これは将軍綱吉政権下の生類憐れみ政策に関する記事であり、「御月番廻り箱ニ有之帳面ニ記之」との文言を確認できます。つまり、元禄段階には「御月番廻り箱」が存在し、そのなかには「帳面」が収納され、月番寺社奉行が子犬の毛色や雄雌の違い等を記していたというわけです。機能面から勘

案するに「御月番廻り箱」とは、先に述べた月番簞笥と同じ性格と考えてよいでしょう。「御月番廻り箱」に収納された文書の種類や数量などは不明ですが、少なくとも元禄期には、月番簞笥が存在したわけです。

その後、元文五年に至るまでの動向については不明ですが、収納帳簿数は、それほど多くなかったのかもしれません。当面不要分を年番簞笥へ移管する方法が江戸時代中期まで導入されなかった原因の一つとも考えられます。

第二節　封印と文書引き継ぎの諸段階

封印・白封・鍵

『大岡日記』元文五年（一七四〇）十二月晦日の条から、月番担当者共用の文書の存在と、それらが月番担当者の間を引き継ぐ形で利用されていたことを明らかにしました。ここでは文書引き継ぎの際の月番箱への「封」に注目して、当時の文書管理方法について考えてみたいと思います。

ついては、もう一度先に引用した十二月晦日の記事に注目してください。二ケ条目ですが、ここには十二月の月番終了後、御用簞笥一棹を「白封」のうえ次の月番本多紀伊守へ送ったことが記されます。「白封」とはいかなる「封」でしょうか。まず、この点に注目してみます。

史料を読み進めると「紀伊守方ニても一簞笥斗之義白封之事付、源太ニ例之ことくニハ逢不被申由」とみえます。来月の月番本多紀伊守は書類を受け取ったが、月番簞笥が一簞笥で、白封であったために源太に会わなかったというわけです。源太は大岡の使者であり、史料には「例之ことくニハ逢不被申由」とありますから、従来は文書を持参すると先方の寺社奉行が面会したわけです。この変化は白封が一つの原因とされますから、白封の意味が問われます。また、使者と面談していた段階の文書の引き継ぎの様子も気になるところです。まず、白封利用以前の引き継ぎ方法について検討してみましょう。

『大岡日記』元文二年（一七三七）二月晦日の条にみえる次の記事に注目してください。

一　暮合頃河内殿より深谷市郎右衛門を以御用箱被差越請取、封印如例封、市郎右衛門ニ逢候而
　　相返ス

史料は「暮合頃河内殿」と始まりますが、この河内殿とは寺社奉行井上河内守を指しています。つまり、夕方、井上河内守方から使者深谷をもって御用箱が届けられたとの内容です。その箱には、封印がいつも通りなされており、大岡は使者深谷に面会して、封印を返却したというのです。先ほどは白封であるため使者に面会しないとありましたが、ここでは白封ではなくて封印です。白封と封印では引き継ぎの作法に大きな違いがあったことになります。

次に元文三年（一七三八）二月晦日の条を取り上げてみます。

一　今夕紀伊守より御用箱御朱印写入候箱寺社役　九郎右衛門を以被差越如例請取、九郎右衛門江逢候而封印返ス

紀伊守は寺社奉行松平紀伊守ですが、その紀伊守から大岡へ、文書の入った二つの箱が届けられます。運んできたのは先方の寺社役九郎右衛門であり、大岡は、彼に会って封印を返却したと記します。ここでも白封ではなく封印です。

大岡が日記にことさらに記すところをみると、月番箪笥の引き継ぎにおいて、面会・封印返却は欠かせぬ行為であり、おそらくそこには、引き継ぎ文書をしっかり受け取ったという、確認の意味があったのかもしれません。返却される封印は、使者が奉行の元へ持ち帰るわけであり、文書を送る側では封印の返却を受けて、引き継ぎが無事済んだことを実感できたと考えられます。

さて、右の諸点をまとめるならば、元文五年十二月晦日以前の月番箪笥の引き継ぎには封印が利用され、使者は先方の寺社奉行と面談し、封印の返却を受けることで文書の引き渡しが完了したことになります。

しかし、元文五年十二月晦日以降になると、封印は白封へ変更となり、それに合わせて先方の寺社奉行と使者との面談、封印返却の行為はなくなるわけです。

改めて封印・白封の意味が問題といえます。まず、封印について辞典類で確認するならば、そこには「封じ目に印を捺すこと。封じ目におしてある印」（広辞苑）などと書かれます。しかし、封じ目

に捺した印、あるいは印そのものを指すという説明では、『大岡日記』の記事をうまく解釈できません。「封印返ス」とは、一体何を返したものでしょうか。ここは想像力を豊かにするしかないわけですが、おそらく封印は、文書の入った箱の、蓋と本体を結ぶように紙が貼ってあって、その紙に署名・捺印されていたか、あるいは箱が紐で括られ、その結びめに署名・捺印した紙が結ばれている状態ではなかったかと思われます。いずれにしても、その紙を綺麗に取り除き返却することを、「封印返ス」といったものでしょう。今日であれば、税務署などが屋敷などを差し押える場合、入り口などに貼紙をすることがありますが、あれも一つの封印といえます。

封印をした人物は誰でしょうか。日記には明記されませんが、収納される文書が寺社奉行共用の文書である点や、封印の返却を寺社奉行自身が行っている点から判断して、送り手である寺社奉行本人が考えられます。封印は、一ケ月間利用してきた文書が過不足なく存在するものかどうか、確認しながら箱に収納し、そのうえで行うものですから、寺社奉行も立ち会うことになります。寺社奉行四人が共用する記録という、その性格からも、次の月番に引き継ぐまでは、月番の奉行に管理責任があったわけです。こうした意味からも、奉行自らが封印を行ったと考えられるわけです。

では、その封印を解けるのは誰でしょうか。ここでは、使者や先方の家中が取り除くことは考えられません。封印の取り扱いには「封印の作法」とでもいうべきものが存在します。それは当時の身分制に規定され、寺社奉行が封印したものは、先方の寺社奉行によってのみ封印が解けるという考え方です。

引き継ぎにおいて、使者が寺社奉行と面談し、そこで封印紙の返却を受けるのも、開封者が寺社奉行であることと関連するものです。

こうした封印の作法は、寺社奉行が文書を引き継ぐために特別に考え出したものではなく、封印に関する社会的な約束（観念）がすでに存在し、それを寺社奉行が文書の引き継ぎに持ち込んだものです。重要な点は、そうした方法が導入されない限り、モノを先方に無事に届けることができないと認識されていたことです。いいかえれば、封印を施すことによって何を守ることができたのか。封印という行為そのものの意義が問題となります。

封印の歴史については、あまり詳しくないのですが、封印は日本に固有な方法ではなく、紀元前のメソポタミア・エジプトや、ヨーロッパなどにも広く存在します。ヨーロッパなどに確認できる封蠟（シール）もそれに当たります。そして、捺される印にはマジカルな力が宿ると考えられていました。印を捺せば神仏の力によって、秘守を要する情報を、時空を越えて守ることが可能になると観念されていたわけです。正倉院の勅封、手紙の封印なども同様です。寺社奉行の月番箪笥の引き継ぎでは、空間的な移動時の安全を図って導入されたわけです。

もちろん、こうした方法の導入には、モノの安全を確保するには、封印という方法が合理的な方法であると観念される社会段階であることが不可欠です。次第に象徴的な行為としての側面を強めると考えられますが、そうした方法が合理的と観念される社会が生み出したものなのです。

寺社奉行の場合も、月番から月番への文書移動時の安全確保は重要ですが、封印の利用は月番の執務を終えた大名家が次の担当者へ間違いなく記録を引き継ぐという、家として責任ある態度をどのような方法で示すか、そうした問題とも関連していたと考えられます。その意味で封印は、寺社奉行という職業柄、記録を送るというよりも、一個の家として文書類を先方に送るという、そういう意識に裏打ちされた方法といえそうです。

もちろん、こうした手段の導入は、先に述べた寺社奉行の組織構造に由来するものであり、それぞれの組織を尊重した結果ともいえます。しかし、その方法すら合理的ではないとする考えが次第に育っていったわけです。元文五年十二月に導入された「白封」とは、そうした脈絡のなかで捉えることが可能です。

先の『大岡日記』元文五年十二月晦日の条には、「紀伊守方ニても一簞笥斗之義白封之事付、源太ニ例之ことくニハ逢不被申由」とあり、本多紀伊守は白封であるから大岡の使者源太には会わなかったと記します。また、白封の場合は返却も義務づけられていません。封印に比して白封は明らかに略式な方法です。

こうした点、ならびに白封という名称から勘案するならば、「白封」は署名・捺印がなされていない白紙であった可能性が高いと考えられます。捺印によってはじめて神仏の力が宿ると観念されたわけであり、それがない場合は、物理的な力が加わり蓋が開けられたかどうか、その確認に過ぎないものとなります。そこでは神仏の加護により、モノの安全が確保されることはありません。

しかし、月番箪笥の引き継ぎが恒例化するなかで、引き継ぎに関わり合う人々は事務の合理化を追求し、その結果として、封印と決別したと考えられます。本来、封印は時空を越えてモノの安全を確保するために導入された合理的な方法であったわけですが、その合理性が、次第に受け入れられないものとして、人々に認識されていったということです。寺社奉行の場合、ここに封印の手続き、寺社奉行との面会、封印の返却などの作法からも解放されることになったわけです。

したがって、白封とは、それまで展開してきた封印の利用に則りながら、物理的な管理のみを指向した結果、誕生したものといえるでしょう。理念的には封印とは全く別物といえます。寺社奉行の文書引き継ぎ方法は、「封印」から「白封」へと変化するなかで、精神的にも、事務的にも大きく変化したのです。

以上は、月番箪笥の引き継ぎにおける変化ですが、年番箪笥の場合はどうでしょうか。

年番箪笥の発生は、前に述べたように元文五年十二月であり、月番箪笥が封印による引き継ぎ方法から決別した時に、同時に設けられたわけです。この年番箪笥は、どのように封じられていたのでしょうか。

『大岡日記』では、年番箪笥の封については、何も記していません。ただし、後年のものになりますが、文化十五年（一八一八）に作成された「月番箪笥」「年番箪笥」への収納文書目録が現存しています（目録については後に詳述。『大岡日記』下巻、付載資料）。この目録によれば月番箪笥のなかに、「年番長持鍵　壱」「年番箪笥鍵　弐」という、二つの鍵を確認できます。年番箪笥の場合、鍵によって収納物の安全を確保する方法が採られていたということです。鍵が付された正確な年次は不明ですが、可能性としては、年番箪笥が発生した元文五年であることも考えられます。

また、この目録によると年番箪笥が「浜大手御多門」に常置されており、年番引き継ぎの体制が変更されたことがわかります。鍵の利用は浜大手御多門への常置を機に導入されたことも考えられるわけです。いずれにしても、正確な年次は不明ですが、文化十五年には、鍵を用いる方法が採用されていました。

したがって、封の方法には封印があり、次に白封が利用され、さらに、鍵を利用する方法が登場したと考えることも可能でしょう。鍵は、白封に比してさらに物理的な管理を指向した結果、採用されたものといえます。時間の経過とともに、封印、白封、鍵というように管理方法が変化したわけですが、それは、マジカルな力による精神的な管理から、モノそのものの物理的な管理への変化でもあったわけです。

ところで、第一講で、江戸時代半ばに、家的な文書の作成・管理から組織的な文書の作成・管理へと修正されることを述べましたが、封印から白封への変化も、同時期の現象です。両者を統一的に捉えるとどのように解釈できるでしょうか。

これまで述べてきたところでは、職務に関わる文書が家の文書と観念されるなかでは、文書は御用遂行の証として各家に保存されるべき存在でした。封印はこの段階において、ことさら普遍性を有する方法であったわけです。つまり、封印を利用した文書の引き継ぎとは、家による文書の作成・管理というような、家意識を重たく引っ張る精神的な段階において、もっとも有効な方法であったと考えられるわけです。

一方、文書を組織的に作成・管理することの重要性が増大すると、その管理は精神的なものから物理的な管理へと変わっていったといえます。そこでは、物理的管理の厳重化と精神的管理の合理化が同時に進行したのです。目録の作成、白封・鍵の利用などは、そうした関わりで出てきた、と理解したいと思います。

なお、共用の文書とは、あくまで担当者相互の判断で、その利便性と責任の問題から発生したものであり、組織的に発生・管理することを義務づけられた、いわゆる組織の文書とは基本的に異なるものです。しかし、これまで述べてきたように、そのあり方は次第に組織的なものへと変化していったのです。

その進捗の度合いは、組織ごとに少々異なり、勘定所や町奉行所などの場合、寺社奉行に比すると組織的対応が早かったように思われます。しかし、いずれの職においても家的な側面は少なからず残っていたのです。組織の文書の成立は、基本的には近代官僚制の成立や組織構造の整備がなされるなかで、はじめて可能になったと考えられるのです。

封印による管理と物理的な管理の共存

時間軸を基本に捉え、そのなかでモノの安全を確保する方法が、どのように変化するものか、検討してきましたが、封印、白封、鍵は、時間の経過のなかだけでは捉えきれず、時にそれらは共存することも起こります。その場合、封印、白封、鍵の相互の関係はどのように説明できるのでしょうか。ややや唐突の感はありますが、秋田藩が幕府発給の判物《はんもつ》・朱印状を国元秋田から江戸藩邸へ運ぶ際の方法に注目して、この問題を考えたいと思います。

判物・朱印状については、すでに幾度か話題にしたように、将軍から発給された領地宛行状であり、何万石の大名といった家の格や領地支配の正統性に関わるたいへん重要な書類といえます。また、将軍代替りごとに主従関係を確認すべく、新規に発給される点が特徴です。

代替りにおける発給手続きは、大名の場合、まず過去に発給を受けた判物・朱印状を幕府に提出し、確認を受け、そのうえで新規のものの発給を受けます。大名は、発給を受けた判物・朱印状を国元で保管することが多く、将軍代替りには、国元から江戸へ判物・朱印状を移送し、幕府への提出に備えます。国元での保管は、判物・朱印状が領地支配を保証する書類であったことに関係するものでしょう。

さて、ここでは国元の書類を江戸へ持ち出す際の荷造りの様子に注目し、先の課題に迫ることにします。事例は安政元年（一八五四）、徳川家定の十三代将軍就任に関わるものです。幕末のことであり、先の指摘に沿って考えれば、物理的な管理がより徹底していた時期といえます。江戸時代においてモノの管理とは、どこまで物理的な管理の指向性を強めたのでしょうか。ついては、その実際を判物・御朱印の荷造りに関する絵図に注目して検討してみましょう。

この段階で、大名佐竹氏が幕府より発給を受けた判物・朱印状の数は九通です。藩ではこれらを収納するために、まず、図①のように三段の落とし蓋の箱を作成し、各引き出しに文書を収めます。引き出しは三段三列からなり、各仕切りに一点ずつ収納されます。

文書が箱に収められると、風呂敷きで包み、四角の茶箱のような薬籠蓋の箱に収納します（図②）。ついで図③のように薬籠蓋の箱に十文字に紐を架けます。紐を架けた真ん中辺りに紐の結び目のようなものがみえていますが、これは結び目だけではなく封印を伴っています。封印が紐の結び目に施される形です。そして、この封印された箱が、さらに大きな箱に入れられます。箱には、鍵が付されます。それを図④のように、水に濡れないように油紙で包み、紐を一面に架け、真ん中で結ぶわけですが、ここでも結び目には、封印が施されます。それを、図のような扇紋が施される枠に入れて、図⑤の屋根付きの駕籠に仕上げるわけです。たいへん厳重に包んでおり、何回包んでいるのかわからないほどです。

①

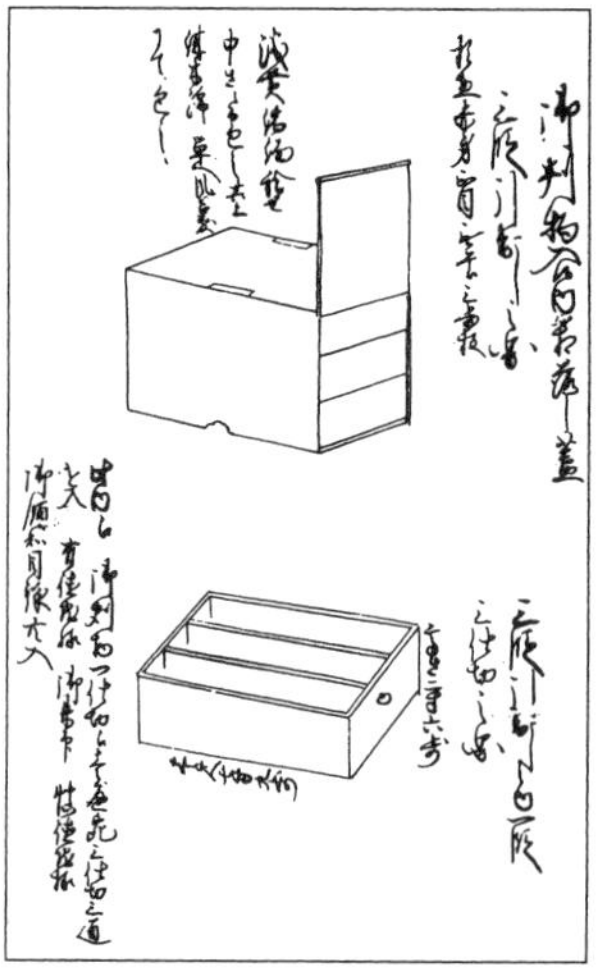

②

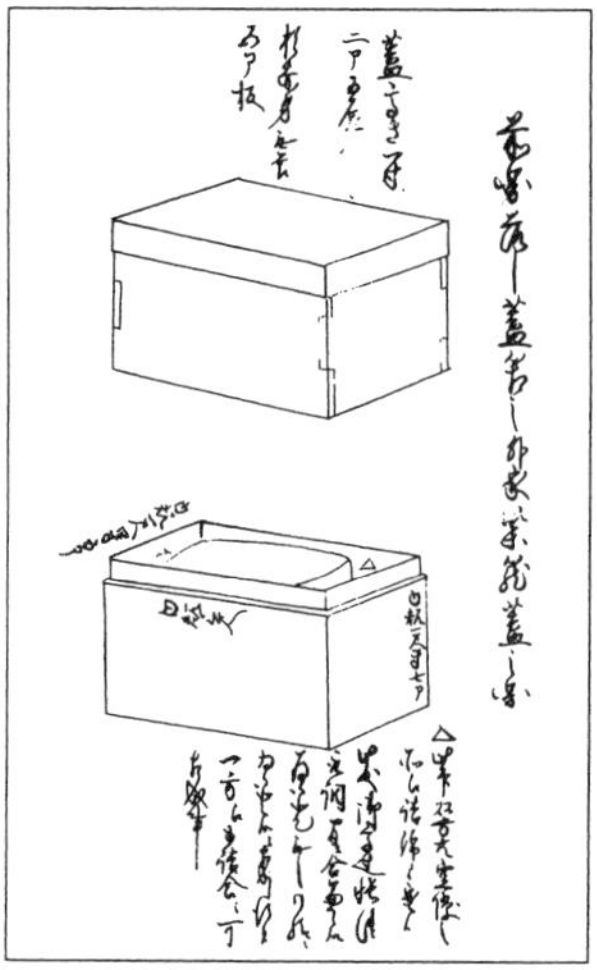

③

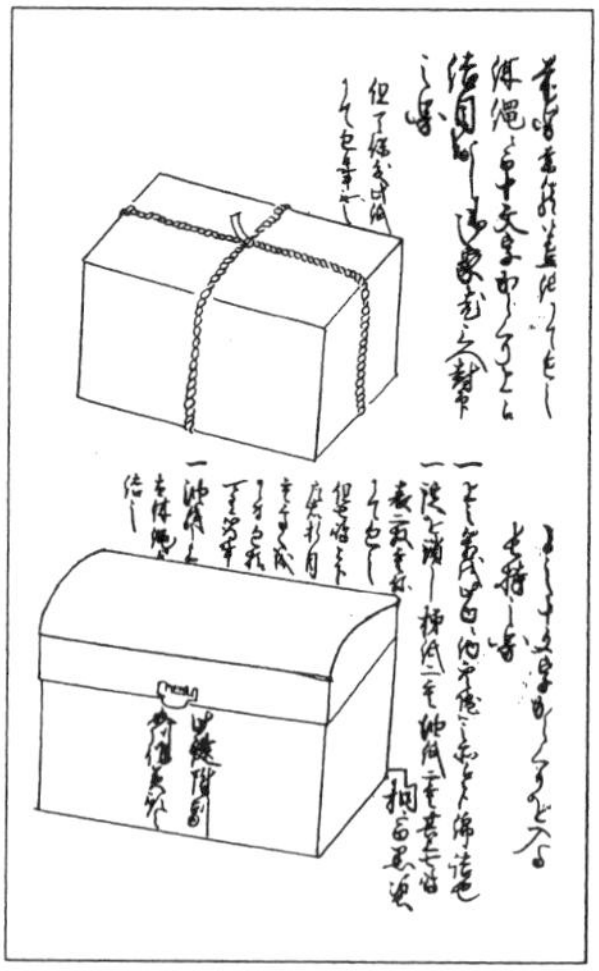

④

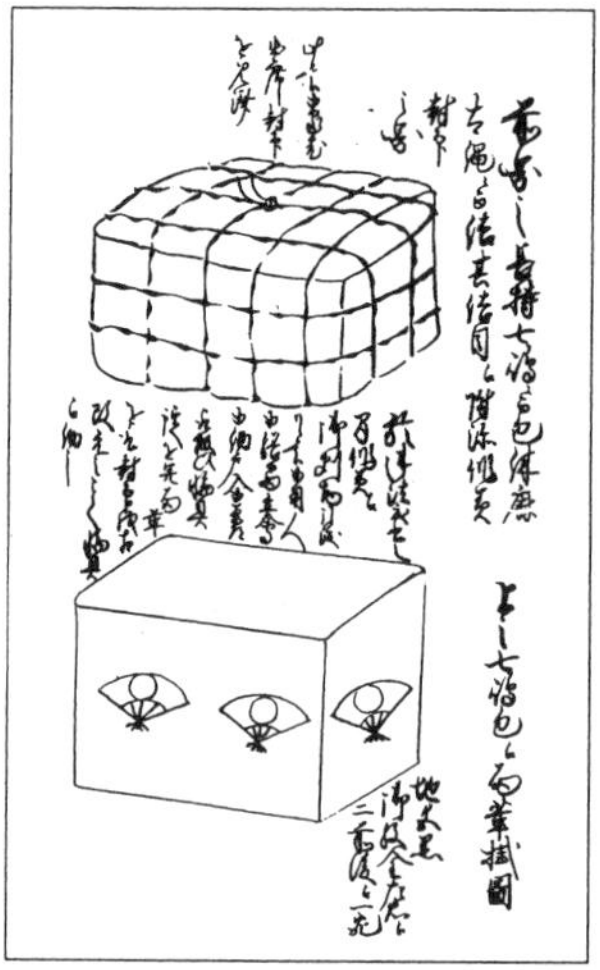

安政元年「御判物御改御記録」(秋田県公文書館蔵)

⑤

最近ですとブランド商品などが、二重三重に包まれます。包む回数が多いほど、中に収められるものが貴重であるとする社会的な通念が存在し、それに依拠した措置といえます。今日、こうした方法は時に過剰包装などといわれますが、そもそもは重要物への対応として始まったわけです。もちろん、これを逆手にとって「幾重にも包めば重要なものにみえるだろう」というように、形だけが模倣され、都合よく利用されることも起こります。包むという人々の観念を利用した偽装ということになります。

ところで、右の秋田藩の判物梱包は、誰が行ったものでしょうか。図には担当者名が記されており、記録すべき重要情報であったことがわかります。

まず、最初の収納箱に朱印状を収めたのは家老です。そして、一番最後に紐を架けるなどの荷造りは、奥向きの下級役人が担当しました。つまり、中心部分ともいうべき判物に近い箇所は、より身分の高い者が包み、次第に軽い者が包むという構成です。包むという行為も、身分的な問題と無関係ではあり得なかったわけです。封印も二度行われますが、最初の封印は家老、二度目の封印は、江戸まで箱に付き添う勘定奉行のものでした。

なお、包むという行為と封印という行為は、それぞれ固有の目的をもって行われます。封印は包んだうえでモノの安全性を担保するために行う行為です。封印は二度確認でき、最初の封印は家老でしたが、家老は、この封印までの作業に関してはそれを指揮したものでしょう。封印は責任の所在と管理権の所在をも示しているのです。

勘定奉行は二度目の封印を行いますが、この場合の封印の意義はいかなるものでしょうか。具体的に論証するだけの情報を持ち得ていませんが、おそらく家老の封印は判物・朱印状そのものに対する封印で、その責任も判物・朱印状そのものを対象とすると考えられます。したがって、広く捉えれば、その責任は国元から江戸への移送に止まるものではなく、その管理全体に対して責任を有したと考えられるわけです。一方、勘定奉行の封印は、あくまで移送に関わる責任に伴うものと考えるべきでしょう。移送が終われば解放されるわけです。

また、中心部では封印が利用され、外側になるほど鍵など物理的な管理が導入されている点に注目が必要といえます。ここではマジカルな力を利用する管理と、物理的な管理がうまく住み別けて、共存しています。

先に時間軸にそって、封印などマジカルな力を利用した管理から、鍵などを利用した物理的な管理へと進むことを指摘しましたが、この秋田藩の幕末の事例からは、封印といった方法は決して時間の経過とともに消滅するものではなく、いうならばより丁寧な、より格の高い管理方法と観念されて残るといえます。それは身分制的な管理方法でもあったわけです。判物・朱印状という存在は、包むという行為においてすら、人々を身分制的な秩序のなかに編成したのです。

このように考えてきますと、封印は神仏の加護によると話しましたが、実はその裏付けにあるのは身分制社会そのものということになるでしょう。また、身分制的な家意識が、こういう形の管理方法を取らせていたとも考えられるわけです。

引き継ぎ文書の発生と目録の意義

元文五年（一七四〇）の寺社奉行の文書引き継ぎシステムの改変に関係して、目録の存在意義について話をしなければなりません。

寺社奉行の文書引き継ぎに関わり、二度、文書目録がみられました。一つは月番箪笥から当面不必要な文書をより分ける作業において目録が利用されました。もう一つは月番箪笥・年番箪笥それぞれに、収納文書を書き上げた目録が収められました。この二つの文書目録は、どのように利用されたのでしょうか。前者の目録の場合は、当面不必要な文書の選別に利用されましたが、それぞれの箪笥に収納された目録の場合は史料上に利用方法が明記されません。

想像するに月番箪笥に収納された目録であれば、月番から月番への引き継ぎにおいて利用することが、まず考えられます。つまり、担当月番から次の月番へと文書を引き継ぐには、箪笥に収納される文書がすべて揃っているかどうか確認が必要であり、その確認は目録と現物の文書を対照することによってはじめて可能となるわけです。文書目録がなければ、充分なチェックはできず、引き継ぎそのものも成立しないでしょう。

もちろん、先方でも文書箪笥を受け取る際には、目録と現物とをチェックします。送る側でも、受ける側でもチェックが必要となるのです。その確認を確かなものとしているのが、目録なのです。

いいかえれば、目録の存在が、送る際にも、受け取る際にも確認行為を求めます。紛失文書が発生すれば、誰の月番の時に紛失したものか赤裸々になるシステムです。収納される文書の目録が作成されることによって、管理すべき文書が明白となり、文書一点一点の管理が厳重化するのです。目録の存在は、文書管理に伴う寺社奉行個々の責任を従来以上に重くしたといえましょう。

封印は、担当月番から次の月番への移動時の安全確保と、引き継ぎ確認の象徴行為として導入されたといえますが、目録は、通期的な文書管理を求めるものであったといえます。文書の管理という点では、封印以上に目録の作成は大きな意味を有したといえます。目録が過去においていかに作成・利用されてきたものか、その検討も重要な課題なのです。

月番箪笥・年番箪笥の中身から考える

寺社奉行共用の月番文書の管理のうえで、文書目録の存在がたいへん重要であることを指摘しましたが、それでは実際どのような文書が収納されていたのでしょうか。ここではその中身について話を進め、組織による文書管理、情報管理の意味を考えてみたいと思います。

月番・年番箪笥に収納される文書の目録は、後年のものとはなりますが、文化十五年（一八一八）の目録が現存しており、すでに『大岡日記』下巻に付載資料として収録されています。出所は「水野家文書」（都立大学図書館所蔵）のうちにみえる「従事抄書」という記録です。寺社奉行の覚書的な記録であり、他にもさまざまな記事がみられる、たいへん興味深い記録です。

目録は、月番箪笥・年番箪笥ごとに、それぞれ別個に作成され、文書の内容、成立年代、形状、数量などが記されます。月番箪笥に収納される文書数は一〇三件（袋入五十三件、箱入三件などを含む）、年番箪笥に収納される文書数は三四三件（袋入二〇三件、結二件などを含む）になります。ただし、今日これらの文書は現存していません。この目録にみられるだけです。寺社奉行を務めた大名家文書のうちに、同種の文書をときに確認しますが、その数はわずかなように思います。情報は目録にみられる記事に限られますが、目録は当時の寺社奉行の文書管理や日々の執務の一端を伝えてくれているといえます。

目録を少し丁寧に読んでみると、月番箪笥の目録では、収納文書が大きく六つに分類されます。一番は「諸事付込」とあり、種々の書類が記されます。二番目は「月番覚書」、三番目は「諸届留」、四番目は「久離欠落届帳」、五番目は指揮下にある役人の「誓詞并由緒書親類書明細書」、六番目は「年々指出候御修復勘定帳之類」です。

各分野のなかでは、同種のものが年次順に整然と記されます。おそらく実際の文書も、目録の記載順に収納されていたものでしょう。現物と目録記述の照合には、両者の順番が同じであることが不可欠であるからです。そして、この照合は月番交代に伴い、少なくとも月に二度、実施されていたといえます。

一方、年番箪笥はやや複雑です。目録上では同内容の文書が、各所に散在しており、月番箪笥の目録のようには整然としていません。おそらく、年番箪笥は当面不要とされる文書類が収納されたため、箪笥のなかも充分に整頓されていなかったものでしょう。目録記述からは、以上のような文書の収納状況も窺えるのです。

また、作成・利用の面からすると、「書き継ぎ型の記録」の存在に注目されます。このタイプの記録は、毎日あるいは必要に応じて記入を進めるものであり、形態的には厚目の帳簿型となります。この種の記録は、月番から月番へと引き継ぐことが不可欠であり、記録の共用化を考えるうえでも重要といえます。書き継ぎ型の記録を目録から抜き出すと次の通りです。

・月番覚帳（正徳三年～）
・開帳幷相撲能操芝居願之覚（元禄十五年～）
・相対勧化差免帳（享保十九年～）
・御当地町中相対勧化帳（寛保元年～）
・支配下病気幷忌服届帳（元文三年～）

・富突見廻順留帳（明和五年～）
・開帳差免横帳（享保十七年～）
・久離欠落届帳（天明九年～）
・諸届留（天明五年～）
・進達留（明和三年～）

文化十五年段階では、帳簿数も複数冊に及ぶものが少なくありません。なかでも「月番覚帳」は三十二冊を数える大部のものです。もちろん、記録によっては利用が進まず、一冊の帳簿を使い終わらないものもあります。

いずれにしても、これらの帳簿類は、該当する事柄が発生した場合、担当の月番が責任をもって記入しなければならない帳簿です。こうした、情報を共有化しなければならない執務の存在が、書き継ぎ型の記録を発生させ、さらには月番担当間での引き継ぎ行為を成立させたと考えられます。

では、こうした類の帳簿はいつ頃に成立したのでしょうか。記録名の次に示した年次は、目録上、もっとも古い帳簿の年次を示しています。全体でもっとも古い帳簿は、元禄十五年（一七〇二）六月から始まる「開帳《かいちょう》幷《ならびに》相撲《すもう》能《のう》操《あやつり》芝居《しばい》願《ねがい》之《の》覚《おぼえ》」です。元禄期には月番の箱が存在したことを、先に確認しましたので、その頃から「開帳幷相撲能操芝居願之覚」は、月番担当者の間を廻っていたものでしょう。

しかし、ここで示した年次の年に、帳簿そのものが成立したと考えることには無理があるように思います。たとえば、「諸届留《しょとどけどめ》」の場合、目録では天明五年（一七八五）に始まる帳簿がもっとも古いのですが、「諸届留」の成立そのものはこれを大きく遡ると考えられます。第一講で浪人が提出した三州富賀寺の朱印状をめぐる、寺社奉行大岡と御側御用取次加納との問答を紹介しましたが、そのなかに、次のような箇所がありました。

寛保三年（一七四三）二月十二日、加納は大岡に浪人が提出した富賀寺の朱印状が盗まれたものではないか、それならば寺から盗難届が出ているはずではないかと、問いかけます。これに対して大岡は、「たとえ届書が提出されていたにしろ、当時は「届帳」が作成されておらず、いまとなっては確認の手立てがありません。こうしたことがあるので近年は「届帳」を作成し、記録しています」と応じます。

大岡が近年作成したとする「届帳」は、寺社奉行へ提出された種々の届書を書き記した、書き継ぎ型の記録と考えてよいでしょう。また、書名から判断して、この書き継ぎ型の「届書」が「諸届留」である可能性は高いといえます。「諸届留」に相当する記録は、月番簞笥の文書目録にみえた天明五年の記録よりも四十年ほど前に大岡の判断によって成立していたことになるのです。

しかし、大岡の「届帳」は月番簞笥のなかに存在していません。簞笥に収納されなかったものか、収納後に流失したものか、その理由は不明ですが、少なくとも簞笥に存在する帳簿が最古の帳簿ということではないわけです。

ところで、書き継ぎ型の記録の存在から得られるイメージはたいへん重要ですが、寺社奉行の日常の具体的な執務と、執務に関わって授受・作成した文書類との関係については思うように理解を得ることができません。業務は多岐にわたり、取り扱う文書量も多いことは『大岡日記』からも確認できるのですが、執務と文書の関係はなかなか把握しにくい状況です。

また、日常の執務に関わって発生した文書が、月番簞笥へ流れる仕掛けは、システム化されていないことが考えられます。特別な判断があってはじめて月番簞笥に移されたようであり、日常の執務遂行の流れのなかで自動的に文書を蓄えるといった形は整っていません。今日的な観点からすると、大きな問題を抱えているといえます。時代のなかでその理由を考えることが必要です。

以上、月番引き継ぎ文書の取り扱いなどをめぐって、寺社奉行の文書管理について話を進めてきましたが、寺社奉行の執務全体に関わり情報・記録の問題を論じるには、もう少し検討対象を広げることが必要です。次に寺社奉行の新旧交代に伴い引き継がれる株筋の文書について述べたいと思います。

寺社奉行と株筋の文書

寺社奉行の月番制に関わる文書群について縷々述べてきましたが、寺社奉行が共用する文書には、これとは別に株筋の文書が存在しました。退職に伴う文書の取り扱いに注目して、株筋の文書の存在を明らかにするとともに、月番制にもとづく文書の管理についても理解を深めたいと思います。

ついては、寺社奉行秋元摂津守涼朝《あきもとせっつのかみすけとも》（武蔵国川越藩主）の離職時の様子を『大岡日記』によって確認してみましょう。なお、秋元は延享三年（一七四六）五月二十八日、寺社奉行に就任しますが、ほぼ一年後の延享四年六月一日、西之丸若年寄へ昇進します。

・延享四年六月六日

一　秋元摂津守殿より先御役之株目録相添被差越、且年番預之寺社御朱印写帳箱入四十四冊付送目録相添津田要助を以被指越請取之、要助ニ逢請取候段申達候

・延享四年六月七日

一　昨夕摂津守殿より被差越候株之諸帳面書付等、且寺社御朱印写一箱書付共修理大夫方江酒井源太を以遣之

一　御朱印写之義者摂津守殿当年番ニ付預被置候、跡御役ニ而直当年番被勤候ニ付差越候、是ハ株之外ニ有之旨是又源太江申遣候

『大岡日記』の延享四年六月六日と七日の記事を示しましたが、これによれば、退任に伴い秋元は、手元にあった「株之諸帳面書付等」と「寺社御朱印写一箱書付共」という二つの文書群を大岡に送っています。この処置は「株之諸帳面書付等」と「寺社御朱印写一箱書付共」が、個人のものではなく寺社奉行共用のものであることを物語っています。

先に述べたように「寺社御朱印写一箱書付共」は、年番預りの寺社奉行共用の書類ですから、この

年、秋元は年番を務めていたことになります。送り先を大岡としたのは、大岡が月番であったためです。この異動は六月という年半ばですから、年番預り文書をどのように取り扱うのか、その判断を在職の者に委ね、月番へ送ったものでしょう。

また、秋元が大岡へ送った「株之諸帳面書付等」と題する文書群は、大岡から新任酒井修理大夫《しゅりだゆう》のもとへ「寺社御朱印写一箱書付共」と一緒に送られます。酒井は秋元の後任であり、今回、寺社奉行見習から正規職へ登用された人物です。「寺社御朱印写一箱書付共」の送付は、酒井が正規職への就任とともに年番に抜擢されたためと解釈できますが、「株之諸帳面書付等」は、年番預りの文書ではありません。大岡は「寺社御朱印写一箱書付共」と「株之諸帳面書付等」とを明確に区別して、「寺社御朱印写一箱書付共」が「株之外」の記録群であることを、先方の酒井修理大夫へ伝えるよう、引き継ぎを担当した家中の酒井源太に、ことさらに指示します。

この新出の「株之諸帳面書付等」は、小沢文子さんが論文「寺社奉行考」（児玉幸多先生古稀記念会編『幕府制度史の研究』吉川弘文館、一九八三年）で指摘された新旧の寺社奉行間で引き継がれる株筋の文書であることが考えられます。

株筋とは、江戸及び江戸近郊の寺社とその寺社門前地に対する支配に関係するもので、寺社奉行四人が江戸の町を四つに分割して、それぞれが分担して受け持った持ち場です。寺社奉行は、祭礼や開帳・富突《とみくじ》興行・相撲などの興行時にはもちろん、通常も、使者を巡回させ、担当する地域の寺社を監

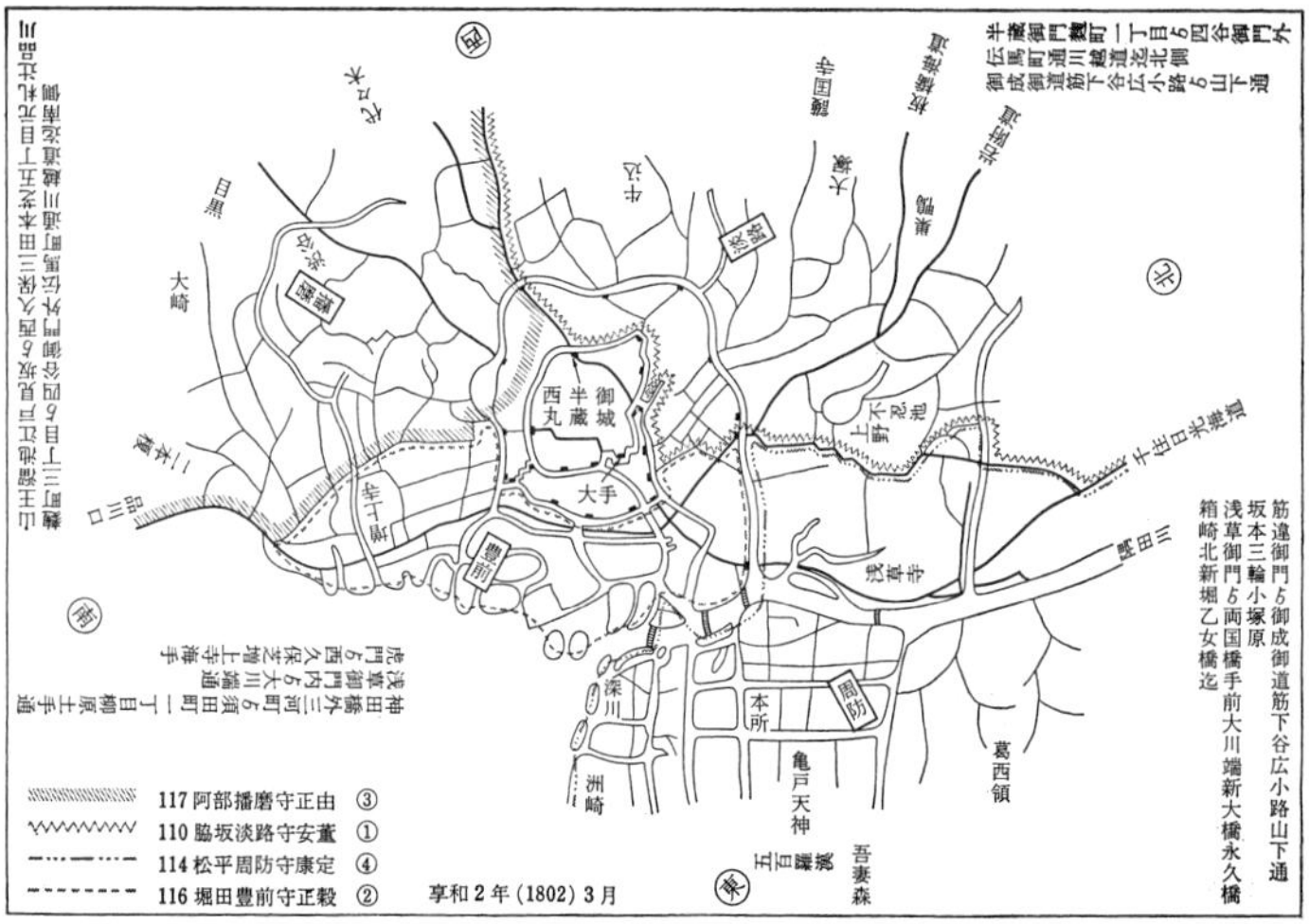

寺社奉行4人株持場絵図（吉川弘文館刊『幕府制度史の研究』より）

督し、また、寺社からの訴願などの窓口にもなっています。株筋は、その担当を含めた概念と考えた方が適当かもしれませんが、おおよそ以上のような存在です。

具体的な株筋の持ち場区分を示すと図の通りです。この図は享和二年（一八〇二）のものであり、小沢さんが先の論文で示されました。

図では江戸の町が破線などで四つのブロックに分けられますが、この四つを四人の寺社奉行がそれぞれ担当します。絵図中に示される寺社奉行阿部播磨守、脇坂淡路守、松平周防守、堀田豊前守が、この享和二年段階の担当者です。それぞれが管理する寺社の数は、阿部四三六軒、脇坂四三七軒、松平五十二軒、堀田五八九軒でした。

この株筋の支配では月番制と無関係に、通年で職務に従事しなければなりませんでした。担当すべき持ち場（株筋）は就任と同時に決まり、離職まで基本的に異動はありません。したがって、在職中の持ち場に関する文書は、担当の寺社奉行のもとに蓄積されます。月番に関する文書とは、全く異なる管理の下に置かれたといえます。

「株之諸帳面書付等」とは、こうした江戸の株筋支配に関する文書群であり、江戸を四つのブロックに分けて管理したことから四つの文書群が成立し、寺社奉行の新旧交代に伴い、月番を介し退職者から新任者へと引き継がれたものなのです。

次に、酒井修理大夫（前出）の離職時の動向について紹介し、これまでの引き継ぎについての指摘があてはまるものかどうか確認してみましょう。

酒井修理大夫の離職は、就任後わずかに六ケ月ほど後の、延享四年十二月二十三日、大坂城代への昇進に伴うものでした。離職時、酒井は年番と月番を務めていましたが、十二月二十三日という、中途半端な日の離職であったため、変則的な状況が起こりました。月番は翌月担当の大岡が急遽引き継ぎ、二十三日のうちに月番箪笥が酒井から大岡の元へ届けられます。スピーディーな月番箪笥の移管は、月番の職務遂行上、月番箪笥に収納された文書が不可欠であったためでしょう。

また、年番預りの文書は、同様に酒井から大岡の元へ送られますが、大岡がこの文書を次年の年番小出《こいで》伊勢守《いせのかみ》（延享三年十二月一日就任）へ届けるのは、十二月二十九日のことです。緊急を要する月番箪笥文書の引き継ぎとは、その取り扱いを異にします。

また、『大岡日記』十二月二十七日の条には、「去廿五日修理殿より被差越候かふ帳面書付等、今日勘蔵を以稲葉丹後守方江遣之」とみえます。「かふ帳面書付等」とありますから、これは先に紹介した株筋の文書です。この文書群は酒井修理大夫→大岡越前守→稲葉丹後守へと引き継がれたわけですが、正確には退職した酒井修理大夫が新任の稲葉丹後守へ、月番の大岡を介して送ったといえます。先に紹介したケースと同様の手続きです。

以上、酒井修理大夫の離職に伴う諸文書類の移動を確認するならば、同人が有した年番簞笥・月番簞笥・株筋の文書の三種の文書群は、すべていったん、月番を務める大岡のところへ届けられ、そのうえで年番簞笥は翌年の年番小出伊勢守へ、月番簞笥は大岡の管理下に、株筋の文書は新任の稲葉丹後守へと、それぞれの担当のもとに届けられたのでした。就任時における引き継ぎと同様の原則で、離職時にも処置されており、これらは当時の引き継ぎのあり方を示しているといえるでしょう。

また、寺社奉行が職務に用いた共有文書には、月番に関わる文書（月番・年番簞笥文書）のほかに、株筋の文書が存在したことが明らかとなりました。

二つの文書群の存在とその管理のあり方からは、寺社奉行という集団の職務内容が「月番に関わる職務」と「株筋に関わる職務」の二重構造のもとに編成されていた可能性が高いといえるでしょう。文書管理は組織構造に規定されるため、それぞれの職務の成立に関する検討が課題ですが、おそらく、寺社奉行設置の段階で二つ揃って計画的に成立したものではなく、職務が次第に広がっていくなかで、新しい仕事が以前からの仕事とうまく折り合いがつかない場合などに、文書管理なども含め、別の形での執務のシステムが構築されたのでしょう。寺社奉行に関する研究を進めると、また別の文書群を発見できるかもしれません。寺社奉行の職務と文書管理に関する検討はさらに必要といえます。

第三節　寺社奉行の新旧交代と情報伝達

寺社奉行見習と情報伝達

私たちの日々の活動は、意識の如何に関わらず、さまざまな情報収集を行い、その検討を通じてなされます。もちろん、より精緻な判断を要する場合は、日頃から情報の収集・管理に努めることが不可欠です。ことに組織規模が大きい場合は、なおさら情報環境の整備が重要となります。月番文書や株筋の文書も、そうした関連のなかで成立したわけであり、執務遂行上、情報の重要性は江戸時代においても次第に増大していったといえます。

しかし、情報としての月番文書や株筋の文書は、執務を充分に熟知することによって使いきれる情報であり、執務に関する基礎的情報という性格のものではありません。寺社奉行は二年から三年で離職する者が多く、次々と新人が就任することになりますが、新任者はどのようなプロセスを経て一人前の寺社奉行となったのでしょうか。新任期の執務情報の習得の問題を、情報伝達などとの関わりでお話ししたいと思います。

なお、寺社奉行職は老中や若年寄、大坂城代などへの登竜門ともいうべき役職であり、各寺社奉行は速やかに仕事を覚え、周囲から評価を得ることが必要でした。月番も廻ってきます。のんびりしているわけにはいかない役職でした。

ついては、先に取り上げた酒井修理大夫の動向に再度注目してみましょう。酒井修理大夫は、延享四年（一七四七）三月十二日、奏者番《そうしゃばん》就任と同時に寺社奉行見習に就任しました。しかし、寺社奉行見習とは何をすべきか、他の寺社奉行たちも戸惑ったようです。見習の設置がはじめてということではありませんが、『大岡日記』には、「見習と申候而も勤方極不申候ハてハ、何事も埒明不申候之間、勤方之儀伺相極可然候」とあり、同僚の寺社奉行と相談したものの、埒が明かず老中へ確認したとあります。

この点に関係して大岡は、「修理大夫者初々敷有之ニ付自分方ニ而伺書相認候由申、何も江見せ候処、可燃之由被申ニ付、修理名前ニ而伺書順阿弥を以雅楽頭殿江修理方より被上候」と記します。つまり、修理大夫は、「初々敷《ういういしく》」あるので、自分が伺書を認め、同僚にも確認のうえ、修理大夫の名前で、同人から老中酒井雅楽頭《うたのかみ》忠恭《ただずみ》へ提出させたというわけです。

覚

一　殿中寺社奉行勤方之事

一　評定所江出席之事

一　内寄合出席之事

一　御成之節御先勤之事

一　上野増上寺紅葉山山王氷川辺出火之節罷出候事

右之通見習相勤月番者相勤申間敷候哉奉伺候

三月

御付札　可為伺之通候

右がその伺書です。殿中・評定所・内寄合などへは、見習として参加しますが、月番は免除されています。月番は職務内容から勘案してもたいへん重い役割であり、見習には任せられなかったものです。見習の場合は正式な構成員とは異なり、職務の分担もなく、見習そのものに目的があったといえます。

また、先に大岡は老中への伺書を代筆しましたが、これは大岡が月番を担当したためであり、執務内のことと考えられます。ただし、月番による世話は、就任当日のみであり、実際の執務に関する知識や技術の伝授に関しては、別に方法が存在しました。

『大岡日記』延享四年三月十二日の条には、次のような記事が確認されます。

右之通勤方相極(A)月番不被勤候上ハ師匠を極メ申ニも不及候、(B)摂津守ハ御朱印御用・朝鮮人来朝御用有之、未御役義初々敷有之書付等も未熟、(C)因幡守ハ伊勢守方を引請居られ候得者難成、(D)伊勢守者昨今之儀ニ而有之、(E)右之通ニ候得者諸書付絵図等之義者自分方より可遣候、(F)寺社役人も先両人被申付、明日自分方江可差越候、万端手前役人共と申談させ可申候、詮議役等ハ月番不被勤候ニ付被申付ニ者及ましき由三人ニ而修理江申達候

ここでは五人の名前がみられますが、いずれも寺社奉行です。人名・就任期間を示すと次の通りです。

大岡越前守忠相　（元文元年八月十二日～寛延四年十一月二日）
山名因幡守豊就　（元文四年三月十五日～延享四年八月二十六日）
秋元摂津守凉朝　（延享三年五月二十八日～延享四年六月一日）
小出伊勢守英智　（延享三年十二月一日～延享五年七月一日）
酒井修理大夫忠用　（延享四年三月十二日～延享四年十二月二十三日）

内容は、見習酒井修理大夫の新任研修の担当をめぐって、誰が担当するのか、大岡が他の寺社奉行との相談をまとめたものです。文章は簡潔に過ぎ、理解を得ることはなかなか難しいのですが、傍線を引いた六点に注目されます。

(A)酒井修理大夫は見習であり、月番担当を免除されたため、「師匠」は不要と記されます。「師匠」の文言ははじめてですが、新任者の世話役のことであり、古参の寺社奉行が務めます。なお、『大岡

日記』では世話役を「師匠」・「古役《こやく》」・「師範」・「師匠番」などとさまざまに記します。呼称はいまだ定着していなかったのかもしれません。そして、この世話役の設定は正規採用者のみであり、見習の者の場合は、不要とされたのです。ただし、一定の指導は必要と考えられたのでしょう。大岡はこの担当を誰にするか、(B)以下で各奉行の様子と、世話の方法について記します。

(B)で大岡は、寺社奉行秋元摂津守の場合、御朱印御用、朝鮮人来朝御用などを務めるが、「御役義初々敷有之書付等も未熟」と指摘します。見習酒井修理大夫の面倒をみるには適任でないというわけです。秋元摂津守は延享三年（一七四六）五月二十八日の着任であり、一年近く経過していますが、大岡の評価はたいへん厳しかったといえます。寺社奉行職を円滑に務めるには、一定の熟練期間を要したことになります。

(C)では、延享三年十二月一日採用の小出伊勢守の師匠を山名因幡守が務めていることが記されます。すでに一人世話している山名因幡守には、酒井の指導は頼みにくいということでしょう。

(D)は、山名因幡守の指導を受ける小出伊勢守が、見習酒井の世話をすることは不可能とされます。小出は採用から三ケ月半ほど経過していましたが、いまだ研修中であったわけです。

(E)(F)では、右のような状況から大岡が見習酒井の指導を担当することが記されます。また、大岡の世話の一端が確認されます。「諸書付絵図等」の貸与、寺社役の設置指導などを行い、また、設置された寺社役を、自分の屋敷へ呼び出し、必要な情報を家中から伝達させようとしています。

見習酒井修理大夫の新任研修の担当をめぐる記述からは、新任研修に関する種々の点が明らかとなります。新任者に必要事項を修得させるシステムが存在したこと、古参の寺社奉行が新任者の世話役を務めたこと、また、寺社奉行が一人前になるには相当の時間を要したこと、見習と本役では研修システムが異なること、世話役からの指導は新任の寺社奉行本人のみならず、その家中をも対象に実施されたことなどが、断片的ながら確認されるのです。

新任寺社奉行と世話役

幕府役職における新任研修の実態を探ることは、幕職における基礎情報の存在形態や情報伝達に関する理解を深めるに違いありません。

情報伝達に関する研究は、近年盛んであり、オランダからの海外情報、蝦夷地関係の情報など、興味深いさまざまな研究がみられますが、幕職の情報管理や、文書システムとの関わりで検討されることはほとんどなかったといえます。

ここまで、証拠主義の徹底に伴う法の整備と証拠文書の整備、家的な文書作成・管理から仲間的・組織的な文書作成・管理への転換、そして白封や鍵の登場などにみられる文書管理の合理化が、仲間的・組織的文書管理と関連していることなどを指摘してきましたが、こうした転換は、家的対応では社会的に充分に責任を果たせない状況が生まれてきたことによるといえます。

新任者の研修についても同様の観点で捉えられないでしょうか。つまり、新任研修が大名家相互の私的な情報提供から組織的な研修へと、その性格を次第に変えていくということです。寺社奉行の職務は次第に厳密化し、均一的な対応が求められるため、新任者への組織的な基礎情報の伝授が必要になっていくことが考えられるわけです。

また、新任研修は、もっとも情報が体系的に伝達される場面であり、伝授のあり方には組織における情報の存在形態が投影されていると考えられます。

ついては寺社奉行の新任研修はいかなるものか、幾度か取り上げました「祠部職掌類聚」（『内閣文庫所蔵史籍叢刊』十三所収）収録の「寺社奉行新役被仰付候部」に注目し、従来ほとんど研究がなかった世話役との関わりで明らかにしたいと思います。なお、「寺社奉行新役被仰付候部」は、松平右京亮の日記を利用して作成されたものであり、時代的には天明期の内容です。話に関わり、あらかじめ天明七年（一七八七）段階の寺社奉行を示すと次の通りです。

堀田相模守正順《さがみのかみまさあり》（天明三年七月二十八日〜天明七年四月十九日）
松平右京亮輝和《うきようのすけてるやす》（天明四年四月二十六日〜寛政十年十二月八日）
土井大炊頭利和《おおいのかみとしかず》（天明六年三月二十四日〜天明八年六月二十六日）
松平和泉守乗完《いずみのかみのりさだ》（天明七年三月十二日〜天明七年十二月十六日）
稲葉丹後守正諶《たんごのかみまさのぶ》（天明七年四月十九日〜天明八年六月二十六日）

このうち天明七年三月十二日に採用された松平和泉守に注目しますと、同人は寺社奉行への就任に伴い、もっとも古参であった堀田相模守の世話を受けることになります。その世話役決定の様子は、三月十三日の記事に次のようにみられます。

一　和泉殿師範之義、於羽目之間ニ相模守江自分(松平右京亮)・大炊頭申談、相模守師範之義断有之候得共、強而両人相頼、許容有之候而、和泉殿同所ニ而大炊頭自分両人ニ而取合、相模守師範許容一統礼申述之

つまり、新任松平和泉守の世話役決定では、まず松平右京亮・土井大炊頭の両人が内々に堀田相模守に世話役を依頼します。しかし、堀田はなかなか了解せず、繰り返しての依頼でやっとこれを内諾したのでした。世話役は、こうした古参寺社奉行間での意見調整によって内定したものであり、ここでは新任者の意向は全く反映されません。ただし、右の史料からは確認できませんが、手続き的には新任者が古参の内定者に願い出る方法で世話役が確定します。この辺の状況をさらに検討してみましょう。

堀田相模守の世話を受けた松平和泉守の研修は、順調に進んでいたと考えられますが、天明七年四月十九日、世話役堀田が大坂城代へ転出します。和泉守はこの段階で、すでに一ケ月ほど指導を受けていましたが、他の寺社奉行たちは、和泉守の研修はいまだ不充分であり、堀田に代わる世話役が必要と判断します。

一　和泉守殿ニも初月番前故、師範之義大炊頭断申聞、強而頼候得共、丹後殿共違、初相模守一

通伝達も相済候、殊ニ相当之例も相弁兼候ニ付、旁相断、退出後伊勢守（老中阿部正倫）方江内々承合候処、何れ古格之通同人ニ而も古役引請世話いたし候事故、和泉殿も師範いたし候様申来

史料は、「寺社奉行新役被仰付候部」天明七年四月十九日の条にみえる記事の一部ですが、ここから、寺社奉行の新任研修が「初月番」を目指して進められたことが明らかです。新任者の初月番は就任から三・四ケ月後に廻ってきますから、その間、世話役から多くを学びます。こうした理解がゆえに、松平和泉守の研修はいまだ不充分であると、他の寺社奉行が判断したわけです。

さて、この時寺社奉行には、古参の松平右京亮と土井大炊頭、一ケ月前に就任した松平和泉守、そして堀田相模守の後任の稲葉丹後守がおり、この段階で世話役を務めることができるのは松平右京亮・土井大炊頭の二人、松平和泉守・稲葉丹後守の二人は世話を受ける側にあったわけです。

この時の月番は松平右京亮であったため、同人が調整に努めます。まず土井大炊頭に松平和泉守の世話を頼み、自身は新任の稲葉丹後守の担当を考えたようです。しかし、土井大炊頭は、研修途中の者の世話を承知していないとして、全くこれを受け入れませんでした。

こうした事態に月番松平右京亮は、老中阿部伊勢守に相談します。阿部は古格の者の担当だからと右京亮を諭し、結局のところ、右京亮が同時に二人の世話を担当するのでした。

こうした対応はどのように解釈できるのでしょうか。最終的に、月番が責任上、引き受けている点からは、組織のうちで処理されたとすることもできますが、一方で、土井大炊頭のように月番寺社奉

行からの依頼を拒絶する状況もみられます。世話役を受け入れるかどうかは、基本的に各自の判断に委ねられたとすることもできるわけです。また、ここからは新任研修そのものも担当者の裁量に負うところが大きく、実際には当事者相互の問題として、研修の場が持たれたことも考えられるのです。

しかし、新任研修が組織的であるのか、私的な家相互的なものかという、この問題は、一方のみが正解ということではないと考えられます。つまり、そもそもは家と家との関係で教示・伝達が行われ、それが次第に仲間的な慣行となり、さらに組織の取り決めとして機能していくような、そうした流れのなかで理解することはできないでしょうか。

月番などの働きかけで、古参の者のなかから世話役が内定しますが、新任者が内定者へ願い出ない限り、世話役が確定することはありません。ここに家的な伝授の痕跡を指摘することも可能と考えます。新任者が世話を願い出なければ、誰も世話をしてくれないわけです。

したがって、寺社奉行職の新任研修は、幕府が設定したというよりも、寺社奉行就任者が共通の問題として認識し、作り上げてきたシステムと考えてみたいと思います。決して、今日の会社などでの新任研修のように上から設定されたものではなく、あくまで大名家相互における協力関係ともいうべき性格を内包していたということです。

新任寺社奉行の研修システムの特徴

寺社奉行の新任研修は、大名家の相互協力という性格を引きずるとしましたが、その理由の一端を示してみたいと思います。

まず、注目したい点は研修内容の構成です。これは寺社奉行の活動の場と同様、江戸殿中に関するものと、藩邸に関するものの二つからなっていました。江戸殿中に関するものは主に寺社奉行自身に対する研修、藩邸に関するものは家中への研修という内容です。

先に述べたように寺社奉行の交代は、奉行の交代にとどまらず、スタッフもすべて交代します。そのため、奉行をサポートする家中たちへの、執務情報の提供が不可欠でした。今日的な新任研修のイメージとはだいぶ異なり、家中に対する研修システムをも内包した研修であったのです。

その家中への研修は、理念・原則に関わる情報はもちろんのこと、より具体的な技術・方法など、テクニカルな面での情報の伝達も必要でした。しかも、その研修での習熟度は、相当にレベルの高いものが求められます。それは、執務が幕府の寺社支配そのものを担うものであり、不備があれば寺社奉行個人や大名家の責任に止まらず、幕府の存在に関わる問題となるからです。担当した大名にすればまさに御家の危機に直結することになります。

したがって、新任研修では、寺社奉行のスタッフとなる家中への研修はたいへん重要でした。藩邸側も積極的に情報収集に努めます。「世話役が教えてくれなかったから知らなかった」では、言い訳にもなりません。実際の研修の様子を史料から確認してみましょう。

一　丹後殿役人被申付候由ニ而自宅江罷出候間、又々為致伝達、諸留帳・表題書付、尤紙品も銘々

記《本ノマ、》分、且又寺院其外席分帳・式台送帳・当日入用之品ニ付為貸遣候、其外大検使・小検使
等も罷出、又々参会伝達為致候

この記事は、先の松平右京亮による新任稲葉丹後守の世話に関わるものですが、稲葉丹後守家の家中は右京亮の江戸藩邸を訪ね、諸留帳をはじめ日常業務に必要となる記録類の貸与を受けます。これは寺社奉行のための借り出しではなく、事務を担当する藩内家中が仕事を覚えるためのものです。記録類の貸借も家中相互で行っています。事務的な情報一般の伝授が、奉行を介さず家中相互で行なわれたとみてよいでしょう。新任研修とは、そうした幅の広いものとして存在したのです。

したがって、そこでの研修は、世話をする大名家の全面的な協力によってはじめて成立する性格のものであり、家相互の関係を抜きにしては考えられないものであったわけです。

情報伝達にみる記録と人

ここまで、寺社奉行の執務と記録に関して検討してきました。つまり、組織的な記録化への動き、また、記録類の共同利用環境の整備、新任研修における記録利用などを具体的に述べてきたわけです。その結果、記録管理や引き継ぎ体制が整備され、組織が必要とする情報をすべて伝達することが可能であったかのようなイメージを与えたかもしれません。

しかし、帳簿などに記録化された情報をもって、必要とするすべての情報を相手に伝達することはそもそも可能なのでしょうか。情報伝達という行為全体は、もう少し多様性をもって捉えることが必

要と考えます。ついては、引き続き寺社奉行の新任研修に注目して話を進めたいと思います。

先ほどの新任寺社奉行松平和泉守は、天明七年（一七八七）三月十二日に登用され、松平右京亮が世話役を務めましたが、研修はどのように構成されたのでしょうか。新任研修はもっとも体系的な情報伝達の場であると考えられますから、注目してみたいと思います。

世話役松平右京亮の日記によれば、とくに研修において力が注がれたのは月番担当に関する情報の伝達でした。月番は願書や届などを受理し、老中へ決裁を仰ぎ、また、内寄合を主催し、公事・訴訟などを取り扱い、裁決の申し渡しなどを行います。内容的にも多岐にわたる執務であり、責任も重いものといえます。また、新任者の落ち度は、師範の責任ともなります。

そのため、世話役の日記には、関連記事が多数みられます。新任松平和泉守の場合、初月番を天明七年五月に担当することが決定すると、四月の月末頃から世話役松平右京亮との間で、頻繁なやり取りがみられます。なお、四月の月番は松平右京亮の担当でした。

第3表によれば、四月二十二日、新任松平和泉守は「給仕《きゅうじ》習礼《しゅうらい》」のために、近習の派遣を世話役松平右京亮に依頼します。世話役はこれに応え、希望日の二十六日には、近習二人を派遣し、また、和泉守の役人二人を呼びつけ、これに面会します。

二十八日には、和泉守宅の「評席《ひょうせき》」が一応完成したとみえ、世話役右京亮は近習二人とともに確認に出向きます。評席は寺社奉行の内寄合に利用したもので、内寄合を主催する月番担当時には不可欠

第3表　新任松平和泉守世話一覧（出典・前掲「寺社奉行新役被仰付候部」）

日付	記事
4月22日	・和泉殿より来ル廿六日給仕習礼為致候ニ付、自分近習之もの差遣候様被申越候間承知之旨申遣
4月26日	・今日和泉殿役人両人宅江罷越候様為申遣、自分退出之節於内座初而逢候 ・今日同人方江給仕為習礼近習之者両人差遣之
4月27日	・和泉殿より明日自分評席為見分弥罷越候様被致度旨、幷役人・近習之者差越候様申越候間役人ハ差遣間敷、其余ハ承知之旨返答申遣
4月28日	・今日月並御礼無之不時御礼衆有之ニ付登城 ・御礼書之通相済退出候、自分ニハ和泉殿江来月初月番ニ付評席幷給仕等為見分罷越相済帰宅 ・和泉殿江今日も近習之者両人差遣之
4月29日	・今日和泉殿江評席為習礼役人・大検使・小検使・祐筆等壱人ツヽ、差遣之
4月晦日	・和泉殿より来月初月番被相勤候ニ付、万端被相頼候旨、且又役人日々差遣候様いたし度旨役人を以被申越之
5月朔日	・和泉殿初月番ニ付今日より廿九日迄日々役人壱人ツヽ、差遣之
5月5日	・明六日和泉殿初内寄合ニ付為取調役人・大検使・小検使壱人ツヽ、祐筆弐人差遣之
5月6日	・今日和泉殿初内寄合ニ付役人差遣候節肴一折差遣之
5月18日	・明十九日和泉殿宅臨時内寄合ニ付為取調役人壱人・祐筆弐人差遣之
5月19日	・例刻登城退出より和泉殿宅臨時内寄合ニ付罷越例之通相済退散
5月26日	・明廿七日和泉殿宅内寄合ニ付為取調役人壱人・祐筆弐人例之通差遣之
5月27日	・例刻登城退出より和泉殿宅内寄合ニ付罷越例之通相済退散

でした。寺社奉行に就任すると屋敷の一部を改築して設置したものです。

二十九日には「評席習礼」のために、役人・大検使・小検使・右筆《ゆうひつ》等を一人宛派遣します。給仕習礼は、内寄合などでの賄い（振る舞い）、評席習礼は公事評席での作法などの伝授が目的と考えられます。これらの習礼は、五月月番の事前準備の一環として、知識や技術を伝達するものであったわけです。

しかし、世話役側の役割は、こうした事前伝達に止まりません。五月一日からは、毎日、役人一人を派遣し、また、和泉守宅での「内寄合」の日には、役人・大検使・小検使をそれぞれ一人、右筆二人を派遣します。五月には臨時のものも含め三回の内寄合が開催されており、世話役側はその都度、家中の者を派遣します。伝授は事前伝達のみでは終わらず、本番ともいえる月番担当時にも続いたわけです。

問題は、派遣された家中の者たちの役割ですが、右京亮が残した記録からは、次の点を確認できます。

一　初月番之節ハ、進達・下付師範より取調候而遣候、二度目月番之節よりハ何の方ニ而下付取調候而師範江為見候

すなわち、初月番の際には、世話役（師範）がすべて取り調べ、進達・下付の文書の作成も行う。二度目の月番の折には、新任の者が作成したものを世話役がチェックをするとあります。実際のチェ

ックでは、世話役のみならずその家中の者たちも関係したに違いありません。つまり、はじめての月番では、新任の奉行をはじめ、その家中の者に実際に仕事をみせながら文書の作成、立ち振る舞いなどを教示することが行われたわけです。

二回目の月番では、新任側に実際に業務を担当させ、充分なものであるかどうか確認する方法が取られたのです。

記録には「手離迄之内定式外之進達者、師範江一通り相談之上取調候」ともあり、新任が世話役の手を離れるまでは、定式以外の書類はすべて世話役の者に相談のうえ作成したことが記されます。世話役からの手離れは、二度目の月番後でしたから、それまではこうした指導を受けたわけです。四人の寺社奉行が順番に月番を担当しますから、研修期間はおそらく五〜八ケ月を要したことでしょう。この間に新任の奉行や家中は、世話役やその家中の指示の元に知識や技術の習得に努めたわけです。

以上のように、新任の寺社奉行やそれを支える役人たちは、他藩からの全面的な支援の元に業務を学んでいったのです。それは、役職内の新任研修という性格を越え、大名家相互の協力関係によって成り立っていたといえましょう。そして、注意すべきは、そこでの多くの情報伝達が、音声やしぐさ（作法）による家中相互の直接的な方法によって行われた点です。人から人へと伝える口伝の世界がたいへん大きなウエイトを占めていたわけです。家相互の協力関係は、こうしたなかで大いに役立ったと考えられます。

記録が完備され執務の合理化が進む方向性にあることはこれまで指摘してきた通りです。また、紙媒体を用いた記録・伝達を、文化的な進歩の度合いの一つの基準として理解してきましたが、ここからは伝達すべき情報がすべて紙媒体に記録化されるわけではなく、情報の性格如何によっては、音声・しぐさによってはじめて適切に伝え得る世界が存在したことを考えねばなりません。儀礼的側面が重視された当時にあっては、役務の遂行に関わっても音声・しぐさによる世界が現代以上に大きな存在でした。文書の世界との関連、音声世界における情報への信憑性の付与など、具体的な検討は今後の課題としておきたいと思います。

第三講　幕府奏者番と情報管理

第一節　奏者番の組織と勤務

幕府寺社奉行の文書管理の一端を大岡越前守忠相の日記などを利用しながら明らかにしてきました。また、寺社奉行の新任研修のあり方に注目し、寺社奉行が必要とする情報は、決して文書・記録という形で流通するだけではなく、口頭による音声情報やしぐさによる情報など、総合的な情報伝達によって、寺社奉行の執務遂行が可能になることもお話ししました。第三講ではこれらの点を踏まえて幕府役職にある者はどのような情報活動を行ったものか、文書管理という枠をやや広げ、とくに情報の資源化という視点から、幕府奏者番《そうしゃばん》を事例に検討してみたいと思います。

なお、奏者番への注目は、寺社奉行が奏者番のなかから選ばれること、しかも、寺社奉行就任後も奏者番職から離職せず兼職するなど、寺社奉行職と奏者番職との関係が密接不可分なものであることに留意したものです。それぞれの情報管理における類似性、異質性などにも注目しながら、幕府役職における情報資源化の取り組みの一端を解明しようと思います。

奏者番と奏者番研究

幕府奏者番とはいかなる存在であったのか、従来知られるところを、まず確認しておきたいと思います。まず、辞典類によれば、①江戸殿中において武家関係の典礼の執行を担当した役職（朝廷関係は高家《こうけ》が担当）であり、②年始・五節句・朔望《さくぼう》などに大名・旗本などが将軍へ拝謁する際の取り次ぎやその準備、また、進物・献上物などの将軍への披露に関係し、③大名の参府・御暇、病気見舞い、御三家御三卿以外の大名の死去に伴い上使《じょうし》（将軍派遣の使者）を務め、④大名子息などの将軍御目見《おめみえ》に際して殿中儀礼を伝授したことなどが主要な役割として記されます。

また、文化十一年（一八一四）、江戸幕府の役儀ごとの大略を記した「明良帯録《めいりょうたいろく》」（山県彦左衛門）には、「君辺第一之職にて、言語伶利、英邁之仁にあらされは堪へす、披露事其外遠国寺社の御目見之節者奏言す、公家衆より進上の御太刀ハ御老中御取合、此職にて引く、地下之者よりの差上物ハ此職にて披露なり、平日被下物有之時進物番呼上の義、両番頭へ申達する条、明日下されもの有之進物番入候間余計とも何十人差出候様両御番頭へ坊主衆を以て申達、又殿中元服之仁に御前之習礼を教へしむ、此場城主の仁多けれ共人才によりて一万石にても勤るなり」とあり、将軍の身辺におけるたいへん重要な職であり、頭脳明晰な大名でなければ務まらず、遠国寺社との関係、公家・地下からの太刀進上への関与、平日被下物《くだされもの》に関わる両番頭・進物番の指揮、御目見のための習礼などを務めとしたこと、有能な譜代大名から選ばれた点などが記されます。

また、松平太郎『校訂江戸時代制度の研究』（柏書房、一九六四年）は「奏者番と進物番」において、次のように記します。

（前略）奏者番には当番、助番、非番の制度あり、各交代して事務を執る。新たに奏者番を命ぜらるゝ時は、当番たる迄見習するを以て、老中の退出まで当番と共に残留す、諸席に於て下賜品ある時は、当番の背後に従うて之を見習ふのみならず、凡そ一切の事務は師匠番に就いてその指揮を受く、営中に於ける典礼、儀席の順序等は、都て先例、古格を守り、極めて煩瑣なるを以て、家臣の中より留役を任命し、其調査記録に従はしむ、例へば大名叙任する場合には、奥右筆組頭より予め此旨を通告し来るを以て、留役は座席其他儀式に必要なる総ての事項を調査し、之を書面に認めて奏者番の参考に供するなり、この外押合及右筆数名を設く、押合の任は、参覲、賜暇、御紋拝領其他の理由にて諸侯の登城する時、之を他の奏者番に通知する如き事務を執る。概ね物頭階級の者より補せり、右筆は書記役にして平士の文才あるものを選べり。奏者番登営する時は、押合、右筆各一人随従するを例とす（後略）。

つまり、奏者番は家中から留役《とめやく》・押合《おしあい》・右筆《ゆうひつ》などを任じたこと、留役が殿中での典礼・儀席の遂行に関わり、事前調査を担当したこと、押合は奏者番に付して江戸殿中に登城し、他の奏者番への連絡などを担当したこと、書記を担当する右筆も登城したことなどが記されます。説明が短く具体的なイメージを得ることは難しいのですが、松平太郎氏の指摘は、奏者番の活動を理解するうえで興味深い内容です。しかし、この面での研究は、その後ほとんど進展がみられません。

他の奏者番研究では、美和信夫さんの奏者番の就任者に関する統計的な研究（『江戸幕府職制の基礎的研究』広池学園出版部、一九九一年）があり、就任期間、就任年齢、登用前後の役職などの傾向が解明されています。また、近年の成果では所理喜夫「土浦土屋藩主歴代と江戸幕府奏者番」（『茨城県史研究』七十六号、一九九六年）が、土浦藩土屋氏代々の奏者番職への就任状況について検討しています。大名の側から奏者番職を捉えようとした新しい研究といえます。

以下では、これらの研究を踏まえ、まず奏者番の組織構造と執務システムについて確認しようと思います。

奏者番の勤務形態

奏者番の組織活動を考える場合、その役職が譜代大名担当の役職であり、人数が二十人余に及ぶ点に留意が必要です。老中・若年寄・寺社奉行などはいずれも四人余ですから、奏者番はたいへん大規模です。当然、寺社奉行などの他の職とは、異なる勤務形態や情報管理が考えられます。ついては、まず奏者番の勤務形態について、簡単に触れておくことにします。

奏者番の勤務形態は、二十人余の就任者全員が、日々江戸城に登城する形をとるものではありません。また、月番制を基本とした老中・寺社奉行などの役職ともそのあり方は異なりました。奏者番の

第4表　奏者番番割表（史料館所蔵土屋家文書「御役中日記」二二八）

	本丸当番	西丸当番
20日	松平周防守康定	水野壱岐守忠韶
21日	松平能登守乗保	堀田豊前守正穀
22日	諏訪因幡守忠粛	松平周防守康定
23日	脇坂淡路守安董	水野壱岐守忠韶
24日	土井大炊頭利厚	松平能登守乗保
25日	水野壱岐守忠韶	諏訪因幡守忠粛
26日	堀田豊前守正穀	脇坂淡路守安董
27日	松平能登守乗保	水野壱岐守忠韶
28日	松平右京亮輝和	堀田豊前守正穀
29日	松平周防守康定	松平能登守乗保

助　順	御鷹之節・御成之節居残順
松平右京亮輝和	松平右京亮輝和
脇坂淡路守安董	松平能登守乗保
松平周防守康定	諏訪因幡守忠粛
水野壱岐守忠韶	脇坂淡路守安董
堀田豊前守正穀	堀田豊前守正穀
松平能登守乗保	松平周防守康定
諏訪因幡守忠粛	水野壱岐守忠韶

場合は、担当が日々交代する日番制の形がとられたのです。史料ではその担当を「当番」と記すことが多くみられます。誰がいつ担当するのか、順番表は毎月月末の二十八日に作成され、部屋に張り出されると同時に、奏者番衆へも回覧されます。月半ばで人事異動が起こった場合には、番割も修正されました（史料館所蔵常陸国土浦土屋家文書「奏者番勤方并心得」四五五）。

寛政十年（一七九八）六月二十日、人事異動などに際して修正された番割（当番割）の内容を示すと第4表の通りです。

この修正に関わっては、阿部播磨守正由《はりまのかみまさより》・土屋但馬守英直《たじまのかみひでなお》・牧野内膳正《ないぜんのしよう》康儔《やすとも》の三人が登用されましたが、この時点での奏者番には、他に十七人（土井大炊頭利厚・水野左近将監忠鼎・稲葉丹後守正諶・松平右京亮輝和・松平能登守乗保・板倉左近将監勝政・西尾隠岐守忠移・水野壱岐守忠韶・小笠原佐渡守長堯・脇坂淡路守安董・有馬左兵衛佐誉純・諏訪因幡守忠粛・植村出羽守家長・牧野日向守貞喜・松平周防守康定・本庄甲斐守道利・堀田豊前守正穀）がおり、総数は二十名です。新任三人がすぐさま番割に加わることはないため、十七人による当番制が考えられますが、実際に番割にみえる名前は十人ほどです。これは奏者番が参勤交代する役職（老中・若年寄・寺社奉行などでは在職期間中は参勤交代が免除）であることや、病気、忌服などによる欠勤が考えられます。

具体的に当番制の様子を確認すると、二十日の本丸当番を松平周防守、二十一日は松平能登守が務め、一巡して再び松平周防守が本丸当番を務めるのは、二十九日のことです。ただし、順番が決定しても特別な御用や、体調の問題から務めかねることも起こります。その場合に備えて設定されたのが「助番《すけばん》」です。これは交代専門の要員ではなく、番割表の「助順《すけじゆん》」から明らかなように、当番を務める者によって組まれたピンチヒッターのローテーションです。なお、病気等から続けて休む場合は、二回までは助番が充当しますが、それ以上に及ぶ場合は「御番繰詰《おばんくりつめ》」となり、ローテーションから外されます。なお、番割は毎月二十八日の当番が担当します。この担当者を「御番割元《おばんわりもと》」と称し、途中で組み替えを必要とした場合も、その月のうちは同じ御番割元が担当する決りでした。

ところで、大御所や世子が江戸城西之丸に入ると、西之丸付の役職が必要となり、「西之丸老中」以下さまざまな役職が設けられます。奏者番の場合も同様ですが、他職と異なり、西之丸専従の者は置かれません。奏者番は今日は本丸、明日は西之丸というように本丸・西之丸入り組みで、当番を務めます。また、西之丸で交代が必要となった場合も、本丸当番と同様「助順」によって補います。

「助順」は本丸・西之丸双方に関わるピンチヒッターのローテーションであったわけです。

さらに「御鷹之節・御成之節居残順」がみえますが、これは将軍が江戸城を留守にした場合、帰城まで待機する、居残りに関する順番です。将軍が不在のなかでは特別な体制が求められたのでした。なお、殿中で人手を多く必要とする行事がある場合や、当番が新任の者である場合は、当番の他に補佐を目的とした「添番《そえばん》」が置かれました。添番の順番は先の番割にも見えませんが、おそらく助順によったものと考えられます。

ところで、寺社奉行は奏者番職の兼職であることを度々指摘してきましたが、寺社奉行に任ぜられた者は、奏者番職とどのように関わったのでしょうか。『大岡日記』などを確認したところ、基本的には従来通り奏者番職を務めますが、多忙となる月番担当時には配慮があり、西之丸当番や添番などは免除され、本丸当番のみを担当します。また、月番担当者に限らず寺社奉行は内寄合や、幕府の最高裁判所ともいうべき評定所へ参加するため、それらの日はあらかじめ当番から外されて、番割表が作成されました。寺社奉行職を優先する勤務体制であったといえます。

奏者番の殿中での執務は、以上のような担当一人による当番制によって維持されていました。家中の者が押合・右筆として殿中に付き添いますが、当番の者が負う責任はたいへん大きかったといえます。なお、非番の者の登城も広くみられますが、これはあくまで非公式のものであり、殿中儀礼の習得や奏者番相互の情報交換が目的と考えられます。奏者番は老中に断ったうえで、襖《ふすま》の陰などから様子を窺うことも認められていたのです。

第二節　執務情報の組織的伝達

奏者番の勤務形態は、二十人余に及ぶ奏者番が毎日交代で担当する当番制によるものでした。勤務のあり方としては、たいへん特異であり、どのような方法で組織的活動を実現していたのか、大いに興味を引かれるところです。とくに組織活動という点では、非番の者との情報の共有化が大きな問題です。日々殿中で何が起こっているのか、また、儀礼の場での分担、作法などに関する知識、これらの情報の伝達・交換があってはじめて執務は可能になるといえます。もちろん、新任者への情報の伝達も寺社奉行同様、重要な問題です。

奏者番の職務に関する情報は、どのような形で伝達・交換されていたものか、組織的な取り組みと、私的な性格の強い取り組みという二つの観点から、具体的に示したいと思います。

奏者番登用と世話役

奏者番の執務場所は、基本的に江戸城であり、寺社奉行のように江戸藩邸を役所として用いることはありませんでした。もちろん、家中も執務を補助しましたが、殿中儀礼の遂行という仕事の性格から奏者番自身が大きな精神的負担を感じたことは間違いないと考えられます。

奏者番の場合も寺社奉行同様、一人前になるためには、知識や技術の伝授が不可欠であったといえます。ここでは新任奏者番の執務情報の習得について、寛政十年（一七九八）六月十九日に奏者番に登用された常陸国土浦藩土屋但馬守英直の場合を事例に紹介したいと思います。なお、用いる史料は同人による職務日誌「御役中日記《おやくちゅうにっき》」（前出土屋家文書）です。

さて、土屋但馬守は、六月十八日、老中連署の御書附によって江戸城への出頭を命じられ、翌十九日朝五つ時（八時）に出宅、登城します。同様に呼び出しを受けた者に武蔵国忍藩阿部播磨守正由・信州小諸藩牧野内膳正康儔がおり、一同、雁之間《がんのま》で控え、将軍からの「御用召《ごようめし》」によって登城したことを、坊主をもって御目付衆《おめつけしゅう》へ知らせます。

三人は呼び出された理由について、いろいろ詮索しますが、はっきりとした答えは得られずにいます。また、「内々御座之間御容子習礼」を奏者番当番水野壱岐守へ願い出て、「絵図等ニ而彼是承合」する時間を持っています。御座之間での作法について教示を受け、失態がないようにしたものです。

その後、目付の指図で、羽目之間より中之間を通り、新番所前御勝手《しんばんしょまえおかつて》へと進み、若年寄京極備前守の案内で御錠口廊下《おじょうぐちろうか》曲手《まがりて》へ居並びます。御杉戸際《おすぎどぎわ》では老中太田備中守が、「御前へ出る時は一人ずつ披露するので『それへ』と上意があったならば、その時は敷居のうちへ掛かるように」と指導します。三人は老中太田備中守の指示で「御杉戸際」で控え、将軍の御座之間への出御の寸前、御縁側《おえんがわ》へ進みます。ついで、まず阿部播磨守がまかり出て平伏します。老中の披露があると、さらに摺り上がります。他の二人も同様に老中の披露を通じて摺り上がると、「それへ」と上意があり、三人はさらに御敷居際《おしきいぎわ》まで進みます。将軍への拝謁の場への移動は、人と空間の多くの段階を経てはじめて実現したわけです。こうした仕掛けは将軍権威の維持装置としても機能していたといえましょう。

さて、拝謁の場で将軍は、三人に対して「奏者番言付《いいつけ》る」との上意を示します。御用番（月番）老中松平伊豆守が取り合い「結構被　仰付、難有仕合奉存候」と応えます。この返答に将軍は「念入勤候様」と付け加えたのでした。

三人はその後、奏者番の控えの間でもある「芙蓉之間《ふようのま》」において、先任の奏者番へ紹介されます。また、寺社奉行同様に新任者の世話を担当する師範が決定します。阿部播磨守の師範は脇坂淡路守、土屋但馬守の師範は土井大炊頭、牧野内膳正の師範は水野壱岐守の担当です。新任の三人は、松平能登守の引き合いで、それぞれ師範の前に進み、世話を願っています。

世話役決定は、寺社奉行の場合と同様で、新任の者が願い、指導を仰ぐという形ですが、実際には古参の奏者番たちが協議によって世話役を内定するため、新任者は紹介された者に願い出る形です。

こうした新任研修は、寺社奉行同様個人的な依頼に始まり、それが次第に同職者相互の協力システムとして整備され、組織的な性格を強めていったと考えられます。個人的な取り組みに始まることは、採用当日の師範宅への挨拶や、その後の両家の交流などから推察されます。

採用された土屋も、採用日夕方、家中の者も従えて師範宅を訪ね、「この度奏者番を仰せ付けられたので、何分よろしく御伝達くださるように」と、教示を求めます。

依頼を受けた土井は、近時の動向について説明（時之師伝）し、そのうえで「手留《てどめ》類二十三冊外ニ明後日之覚事」を貸与します。「明後日之覚事」とは、明後日に予定された就任誓詞を指しており、新任者が精勤を将軍に誓うもので、血判によって起請文が作成されます。就任直後、世話役が指導する代表的な儀礼行為の一つでした。この就任誓詞関係記録をはじめ、貸与された記録類は次の通りです（前掲「御役中日記」）。

一　手留帳面類左之通リ

一　安永八己亥年八月十二日
　　誓詞之義願差出幷ニ誓詞
　　御役義御礼御席次第申上度段願差出候節之留

一　安永八己亥年八月廿二日
　　初当番相務候節之留

一　安永八己亥年八月十六日
　　明細書差出候節枚願差出候節之留
一　安永八己亥年八月
　　不時御礼幷御役義之御礼申上、御礼後初而披露相勤候節之留
一　五節句月次勤方絵図幷御太刀置所畳目之図
一　御礼日勤方心得
一　居残之帳　壱冊
一　年中着服之覚
一　当番心得
一　年中着服留
一　御太刀進物置所
　　年始御礼幷月次五節句其外御礼惣出仕之席
一　寺院連歌師碁将棋之者
一　拝領物　西丸
一　御奏者番謁　帙入
一　心覚但無名目

一　帙入　御本丸西丸共　二冊
一　西丸勤方　一　二　両冊
一　御鳥被下候衆謁席
一　落合集
一　覚書　帙入壱冊
　　御本丸席図
　　西丸席図
一　中合席図　五帙
　　御礼日席図
　　当時無之古格　席図
一　御番割懐本壱冊　是は直ニ留置候様ニと之事

最初に示される安永八年（一七七九）の記録類は誓詞関係であり、それに続く「御礼日勤方心得」「年中着服之覚」「当番心得」「御本丸・西丸席図」などは、執務上の基本資料です。これらはすべて書写のうえ、手元に置くことが必要でした。各奏者番は同じ基本情報を有することで、均質な職務を行う条件が整うわけです。

なお、師範から新任者への情報提供を記録類の貸与をもって行う形が、いつ成立したのか、また、その前提となる殿中儀礼情報の記録化の取り組みについても注目されるところです。

情報提供は、同じ目的意識に立つことではじめて、個人的なレベルのものから相互協力による組織的なものへと、体裁を整えて、伝えるべき情報内容も、均質化していったと考えられるのです。

新任奏者番と実地研修

新任者が一人前になるには、殿中儀礼の遂行という職務の性格から、少なからず実地研修が必要でした。土屋但馬守英直の場合を事例に、その一端を紹介しようと思います。

土屋は寛政十年（一七九八）六月十九日に登用されますが、同人の日記によれば、その後、ほぼ毎日、出宅しています。

二十日は将軍徳川家光の命日に当たるため上野に参詣し、二十一日は老中松平伊豆守宅で奏者番への就任誓詞を提出し、それが終了すると登城します。二十二日にも登城しており、日記には「拝領物之処見習置」とあり、殿中で拝領物の場面を実見したことが記されます。

また、同日の日記には「播磨守・自分・内膳正三日見習相済ニ付、先格之通平服可仕哉と伊豆守殿江以盛阿弥相伺候処、其通可致旨被仰聞候ニ付、当番三人江被申聞候間、下部屋江引着服着替いたし席江罷出」などとあり、「三日《みつか》見習《みならい》」は終了し、衣装も「平服」に替ったことが記されます。しかし、研修そのものはまだ続いたようであり、翌二十三日の条には「今朝御座席稽古有之ニ付、早メ登　城致候様昨日中合候処、壱岐殿西丸当番ニ付今日之稽古相伸候」とみえます。つまり、二十三日朝、殿中での「御座席稽古」が水野壱岐守の指導のもとに用意されていたが、壱岐守が西之丸当番であるため、稽古を延期するという内容です。また、二十五日には「御内書渡柳之間之席見習申度、三人ニ付両側江並居候段専阿弥を以当番より申上候処、御承知之挨拶之旨当番より被申聞候」とあります。これは諸大名による「端午《たんご》の時服献上《じふくけんじょう》」に対して、幕府側が発給する御内書の授与の場面に、新任の三人が立ち会うことを求め、それを老中が許可したことを記したものです。

このように新任の者は「三日見習」以降も殿中儀礼などに際して、事前に古参の者に実技指導を求め、また、儀式の場に見習として参加したのでした。稽古は実地練習、見習は現場体験に当たります。また、儀礼の場への参加の是非を老中へ確認している点からは、老中が殿中儀礼の責任者であり、奏者番は老中の指示のもとその遂行に努めていたことが明らかです。

ところで、殿中での新任研修は登用された本人のみならず、奏者番に従い登城する家中の者も対象となりました。たとえば、六月二十四日の条には「師範大炊頭当番ニ付、押合壱人・右筆壱人為見習差出申候」とあり、二十四日の当番が師範土井大炊頭であったため、土屋氏は家中の押合・右筆を見習に差し出したことが判明します。奏者番とともに登城した押合・右筆は、当番の事務を担当しますので、殿中における事務の一切について指導を受けたものでしょう。

殿中事務を行う奏者番共通の役人を、旗本をもって配置することも考えられますが、殿中の事務すら自己の家中をもって賄う点に、奏者番の大きな特徴を指摘できます（寺社奉行も同様です）。また、そうした性格が故に、押合・右筆の研修も、新任の奏者番が師範に依頼する形を取ったものと考えられます。

次に、殿中での研修の実際を、先にも利用した土屋氏の職務日誌「御役中日記」寛政十年六月二十九日条によって確認してみましょう。

廿九日　晴　　　　初当番播磨
　　　　　　　　　西丸能登

一　五半時出宅浅黄縮継上下着用　登　城

一　播磨守初当番ニ付為添松周防守被出候、其外同役衆左之通

大炊頭　　淡路殿

壱岐守　　内膳正

一　土御門使者御暇ニ付拝領物席播磨守江松周防守伝達有之ニ付、其節内膳・自分両人も見習置

一　留リ候承リ、当番播磨・添番松周防・自分・内膳一同中之間江着座、伊豆守殿被通候節播磨守・松周防新番所入口向会釈有之、後少進初番播磨守相勤候段申上元之座江着座

一　芙蓉之間ニ罷在当番土御門使者差図ニ付謁被申候節不罷越候、又候当番・添番ニ元之席ニ着座、暫過廻リ有之詰衆被伺御機嫌候節添番之次ニ見習内膳・自分着座、年寄衆被引当番始部屋江引、少過御礼書相渡候段申来候、当番・添番被出候ニ付為見習中之間江罷出、相済而部屋江引

一　内膳正・自分見合帰宅、九半時前廻リ後大炊頭明日披露為見置

一　初御番無滞相勤候段播磨守江歓申述候
一　当番播磨守より廻状到来

この日、土屋氏は五つ半（朝九時頃）に屋敷を出ます。当番は阿部播磨守。就任後はじめての当番であったため、松平周防守が添番を務めます。非番で登城した者には、土屋の外に土井大炊頭・脇坂淡路守・水野壱岐守・牧野内膳正がいます。各々の登城目的は明記されませんが、土屋や牧野の場合は研修です。ちなみに阿部播磨守の師範は脇坂淡路守、土屋氏の師範は土井大炊頭、牧野内膳正の師範は水野壱岐守であり、この日は師範とその弟子が全員揃ったことになります。これが偶然のものか、新任の阿部播磨守の初当番に関わる研修が目的であったのか、その点は不明です。

殿中では、京都土御門《つちみかど》家《け》使者の御暇の儀式があるため、朝一番にその席の確認が添番松平周防守によってなされ、注意事項などが初当番の阿部に示されます。初当番阿部のための添番松平の役割の一つといえます。なお、牧野と土屋の両人も見習で参加しています。

これが終了すると、老中の登城が始まり、阿部・松平・土屋・牧野の四人は、芙蓉之間から中之間へ移動して老中を出迎えます。この時、阿部が初当番であることが紹介されます。土屋と牧野が同行したのは見習のためです。

なお、老中の出迎えは、毎日のことであり、奏者番のみならず、殿中の多くの役職の者が、各詰所などで出迎えます。奏者番は詰所である芙蓉之間から中之間へ移動して迎える決りでした。退出時も同様の形で見送りますので、奏者番の出勤時間は老中の登城時間より早く、帰宅は老中退出後が原則です。

老中登城後、奏者番は芙蓉之間に戻りますが、しばらくして、老中などの「御廻り」があり、当番・添番と、見習の牧野・土屋は並んで挨拶します。この御廻りは殿中を巡回するものであり、毎日九つ（昼十二時）過ぎに実施されます。奏者番は芙蓉之間で挨拶する決りでした。ここへの参加も本来は当番のみであり、添番・見習二人の参加は特別です。

さらに、御礼書の引き渡しのため、当番・添番が移動すると、ここでも土屋・牧野が見習のために同行します。礼書は明日七月一日の大名・旗本による月次の御礼に関わる礼書と考えられます。

以上のように、新任者の初当番では、添番が付き添い、細かな点に至るまで指導します。手取り足取りの指導ともいえるでしょう。また、見習中の土屋と牧野は、当番に付き従い、一日を過ごしており、すべての行為に参加することを特別に認められています。実際に体験することで、必要な情報を取得することが期待されたわけです。

なお、非番ながら登城した土井・脇坂・水野は、儀礼的な場へ参加することは一度もありません。非番の者が儀礼的な場面に居並ぶことは基本的に認められていなかったのです。

また、殿中での稽古・見習では師範よりも、当番に付き添い儀礼の場を体験することが大半です。新任者は、「三日見習」、それに続く都合十日間ほどの見習・稽古を体験して、初当番を務めます。この間の殿中関係の情報は、師範が基本的には責任を持つことになりますが、当番の指導によるところも少なくなかったわけです。

当番廻状にみる情報伝達

奏者番相互における情報の伝達・交換という問題は、奏者番の勤務形態などから勘案した場合、極めて重要な問題であったことを先に指摘し、一例として新任者への情報伝達について述べてみました。奏者番を支える事務方を家中が務めることもあり、その立ち上げには、相当の努力を必要としたことが考えられます。

さて、それでは日々の活動における情報伝達は、どのようになされたのでしょうか。担当者が日々交代する当番制であったために、日々の情報を速やかに次の者に伝えること、また、奏者番全員がその情報を共有することが不可欠であったといえます。殿中儀礼の変更などは、同職の者に速やかに伝達する手段がないことには、儀礼行為そのものが滞りかねません。不備は、組織の責任です。しかも、殿中儀礼全般は老中が統括するところでしたから、儀礼計画の変更などは、奏者番内部の話ではなく、幕府全体に関わる問題であったわけです。こうした意味で速やかに非番の者に情報を伝達することは、職務上極めて重要であったのです。

奏者番が、非番への情報伝達手段として用いたものが「廻状《かいじょう》」でした。廻状は複数の関係者へ同一の情報を伝達する手法であり、順番に回覧するため、文書作成の面での負担も軽くて済みます。奏者番が廻状を利用し始めたのはいつからなのか、詳細は不明ですが、情報共有化の重要性が認識され、その一環として導入されたわけです。

ついては、当番が発した廻状とはどのようなものであったのか、六月二十九日、初当番の阿部播磨守が認めた廻状を具体的に示してみましょう。

六月廿九日　　当番阿部播磨守

例年之通名越之御祓相済申候、以上

銀五枚　　土御門使者　岡　監物

右御暇拝領物拙者申渡候様伊豆守殿以専阿弥被仰聞候ニ付、如例於檜之間申渡拝領物頂戴之、前々之通御納戸裏江被相廻置候様松平伊織江申達、右之段御同人江以同人申達候

一　明朔日月次之御礼其外御礼衆有之候ニ付、御札計采女正殿より御渡候、明日之当番松周防殿被詰合候間則相渡候、且又進物番十五、六人被差出候、西丸江も四、五人被差出候様番頭衆江申達候

一　明日　西丸添順之通淡路殿被出候様申遣候

一　今日拙者儀初御番ニ付添順右京殿・淡路殿候得共、御用有之難被相勤、次順松周防殿為添被出候

右之外　殿中変儀不承候、九半時前伊豆守殿就退出罷出候、已上

この廻状は、「御役中日記」六月二十九日条の記事に引き続き、書き写されたものです。当番から日々届く廻状を、土屋氏は必要に応じて日記に書き写します。

廻状の書き出しや記述スタイルは、土屋氏の日記と類似しており、はじめに月日・当番担当者名が記され、そのうえでその日の出来事が、時間に即して書かれます。

しかし、記述における目線は、土屋氏の日記とは明らかに異なり、また、一部ではより具体的な記述もみられます。たとえば、土屋氏の日記では土御門家の使者の名前はみられませんが、廻状では「岡　監物」とあります。また、使者の参府目的が「名越之御祓《なごしのおはらい》」にあり、暇に際して「銀五枚」が給されたことも記されます。また、儀礼の場での当番の役割も具体的です。当番であるが故に、殿中での様子を具体的に記すことができたと考えられます。

ただし、廻状では、土屋氏など新任者の殿中見習の様子や、朝一番に添番松平周防守に指示を受けたことは記されません。廻状では公的な情報が簡潔に記され、日記では書き手の関心に従って記述が展開するわけです。

ところで廻状後半部分では、明日（七月朔日）、将軍への「月次之御礼《つきなみのおんれい》」（後述）があり、その他にも将軍への御礼衆がいることが記され、進物番を本丸に十五、六人、西之丸に四、五人を手配するよう「番頭衆」に伝えたこと、また、朔日御礼への対応のために西之丸添番を、添順に従って脇坂淡路守

に連絡したことが記されます。こうした翌日の手配に関する情報は、廻状で明記されねばならない、不可欠のことであったわけです。

また、末尾に「今日拙者儀初御番ニ付添順右京殿・淡路殿候得共、御用有之難被相勤、次順松周防殿為添被出候」とあります。つまり、初当番である阿部播磨守の添番は、添順では右京亮・淡路守の順であったが、両人とも別に御用が生じ、結局、次の添順松平周防守が担当したと記します。これは事実の確認に止まらず、添順がそこまで進んだことを連絡し、次の者に注意を喚起した内容といえます。

こうした情報は、奏者番の執務体制の維持には不可欠なものとされ、登城の如何に関わらず、すべての奏者番に伝達されたものです。廻状という手段は、奏者番の人数が多いだけにたいへん便利な方法であったといえます。

廻状の作成は、江戸殿中で、当番の奏者番の指示の元に、同行の「押合」「書役《かきやく》」がまとめたものと考えられます（廻状には、西之丸当番が発する廻状や、押合が他の奏者番押合の者へ発する廻状もありました）。そこでは一定のルールに従って、伝達すべき情報が過不足なく盛り込まれたのです。

なお、当番の奏者番は職務の終了に伴い、その日の出来事を幕府表右筆へも書き送らねばなりませんでした。これは奏者番以外の部局への情報の伝達ということになります。

伝達目的は、「右筆所日記《ゆうひつしょ》」作成のための情報提供でした。幕府表右筆は、奏者番をはじめ各役職にその日の出来事を連絡させ、それに基づいて日記を編集していたのです。この「右筆所日記」は、幕府の正史である『徳川実紀』の編纂においても主要な情報源となりました（小宮木代良「幕府記録と政治史像―右筆所日記を中心に―」『新しい近世史』第一巻所収、新人物往来社、一九九六年）。奏者番が書き送った情報そのものを、いまだ確認していませんが、おそらく当番による廻状を基本とし、事務的な連絡事項を除いたものであったと考えられます。

当番廻状に注目して、奏者番間における日々の情報伝達、情報の共有化の方法について紹介してきました。当然のことながら、廻状を受け取った非番の奏者番は、これを書写することが一般です。奏者番の手元には、「廻状留《かいじょうとめ》」といった帳簿が作成されます。現存するものでは、内閣文庫所蔵の「廻状留」（宝暦～天保期）が二〇一冊からなり、長期にわたる情報を我々に伝えてくれます。時間を追って奏者番の活動を考えるには、こうした廻状留と、奏者番が記した職務日誌を総合的に分析することが必要となるわけです。

第三節　奏者番手留とその特徴

奏者番手留の確認

新任奏者番への基本情報の伝達、当番から非番の者への日々の情報伝達などについて、話を進めてきましたが、これらの情報は少なからず組織的な取り組みとしての性格の強いものでした。
一方、これとは別に執務遂行に関わり、個々の奏者番が主体的に情報を収集・管理することが少なくありません。そこで、その実際を明らかにするために、奏者番を務めた大名家の文書を複数調査してみました。

その一つ群馬県館林《たてばやし》市立図書館秋元《あきもと》文庫が収蔵する奏者番史料について、まず述べたいと思います。なお、秋元文庫は、館林藩の大名秋元氏の記録類を収蔵する文庫であり、とくに書籍を中心に文書・記録などを伝えています。

譜代大名である秋元氏は、弘化二年（一八四五）に山形藩から館林藩へ移ります。秋元家では奏者番職に五人の者が就任していますが、現存する奏者番関係書類はその内容から判断して、最後の藩主であった秋元但馬守礼朝《たじまのかみひろとも》に関わるものと考えられます。同人の藩主就任は元治元年（一八六四）十月二十七日、奏者番就任は慶応二年（一八六六）三月二十四日という幕末のことです。

奏者番関係史料は、現在、二つの文書箪笥に収納され伝えられています。写真aは二つの箪笥の表蓋を外して撮影したものですが、表蓋には双方とも「典謁記」とあります。その意味するところは、江戸殿中での儀礼執行のための情報箪笥ということでしょう。二つの箪笥は、外見上は全く同じといえますが、引き出しのなかの仕切りの有無など、構造に少々違いがみられます。

各箪笥には、七段の引き出しがあり、右手の箪笥の引き出しは写真bのような構造です。引き出し

a. 秋元家奏者番手留簞笥「典謁記」（館林市立図書館所蔵）

それぞれは七つのブロックからなっており、折本《おりほん》が束ねられて収納されます。写真cは一番右手の折本のまとまりを箱から出し、上から順番に並べて撮影したものです。収納される折本は、「手留《てどめ》」と称されます。そのサイズは十六cm×六・五cmほどであり、広げた時の長さは、記事の分量によって異なります。長いものでは数mに及ぶこともあります。ちなみに簞笥の大きさは、高さ六十七・五cm、横五十八cm、奥行き二十三cmです。

引き出しの各ブロックは横幅がやや狭く、手留を取り出し難い状況です。一ブロックにはおおよそ十数点ほどの手留が束ねられて入っており、簞笥全体で七百点ほどになります。

もう一つの簞笥（写真a左手）もサイズは同じですが、引き出しのなかに仕切りはありません。収納される文書類は手留が多いのですが、「廻状留」「奏者番系

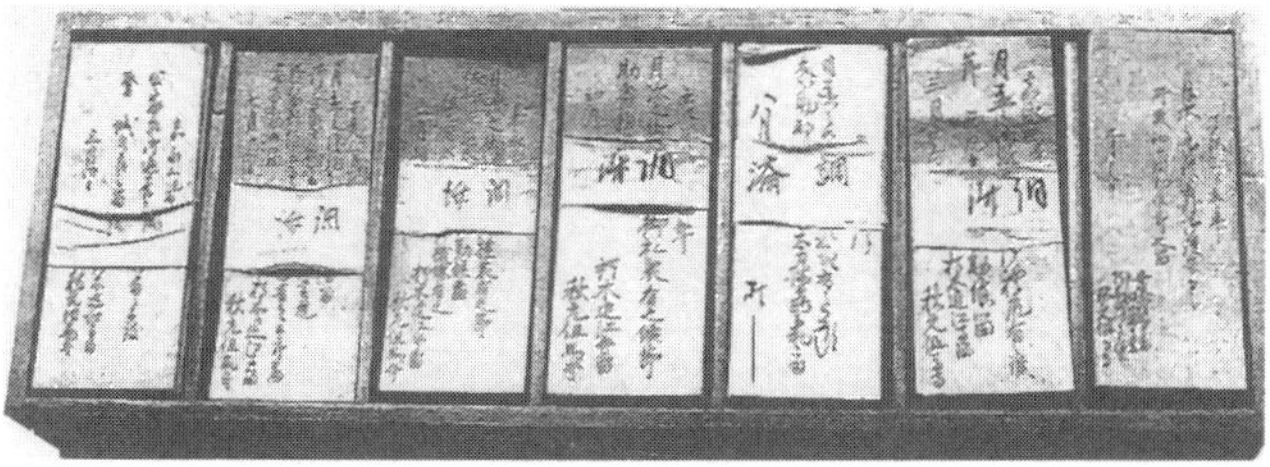

b. 秋元家奏者番手留箪笥引き出し

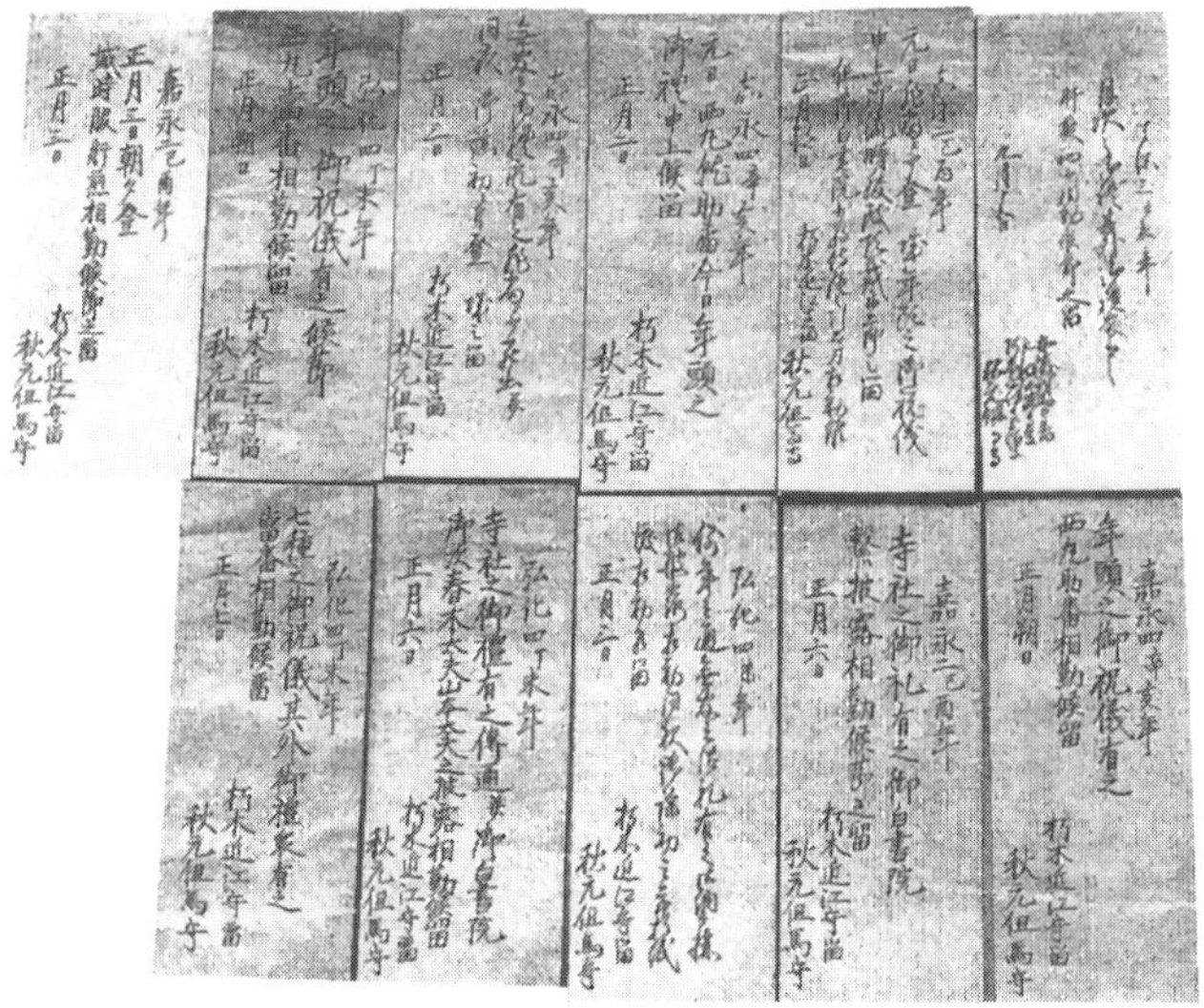

c. 引き出しに収納されていた手留

図」や、作成過程と思われる文書類もみられます。

この両箪笥全体に占める手留の数量は際立っています。写真a右手の箪笥は、引き出しの仕切りの存在からみても、明らかに手留に収納を目的に製作されたものです。以下では、この手留を手がかりに奏者番の活動と情報管理について、検討してみたいと思います。

手留の管理方法とラベル

まず、秋元氏の手留の管理方法を探りながら、手留についての理解を深めたいと思います。

管理上、最大の問題は、その数量がたいへん多い点にあります。目的のものを的確に取り出すには工夫が必要となります。その対策として導入されたのが、文書箪笥の各引き出しに内容ラベルを貼る方法です。写真a右手の箪笥では、引き出しのブロックごとにラベルが貼られます。写真からは判断できませんが、一段目の引き出しの一番右手のラベルには「年始」とあります。続けてラベルを確認すると、二番目、三番目のラベルには「右ニ同」とあり、年始関係が続きます。三つのブロックには、江戸殿中での年賀儀礼に関するさまざまな手留が収納されていたわけです。

現在、ラベル表示と実際に収納される手留は、必ずしも一致しませんが、ラベルは、いうなればインデックスです。そのインデックスのもとに年始関係の手留は三ブロック五十点ほどが収納されていたわけです。

四番目のラベルには「八朔五節句《はっさく》」とあり、五・六番目のラベルには「右ニ同」とあります。三ブロックが「八朔五節句」で占められたわけです。五節句は、周知のように正月七日（若菜）、三月三日（上巳）、五月五日（端午）、七月七日（七夕）、九月九日（重陽《ちようよう》）であり、民間でも広くみられた祝日です。八朔（八月一日）は今日ではあまり馴染みがありませんが、平安時代には収穫物などを贈る日として登場し、室町幕府や江戸幕府では公式行事となっています。新井白石は、年始と並んで八朔を「当家の吉例の第一になり来候歟」（『新井白石全集』第五巻、三五四頁）と指摘します。これは徳川氏の関東入封が天正十八年（一五九〇）八月一日であったこととも関連して、たいへん盛大なものになったというのです。

これらの八朔・五節句に大名・旗本たちは江戸城へ登城し将軍に祝いを述べます。また、それに先んじて贈答行為なども広く行われます。奏者番は、それぞれの儀礼行為の執行に関係しなければならない立場でした。秋元家の文書簞笥には、こうした年中儀礼に関連する手留が最初に収められたわけです。

一段目一番左のラベルには、「月並《つきなみ》」（月次）とありますが、月並のラベルはさらに二段目へと続き、合計で八つのブロックを占めます。月並とは、毎月の朔望に大名・旗本などが江戸城へ登城し、将軍に拝謁する行為であり、毎月の恒例化した行事であるため月並と称したものです。なお、太陰暦で朔望の朔とは一日のことであり、このとき月は新月で夜空は闇夜です。望は十五日のことで、夜空には満月がかかります。十五夜などという言葉もあるわけです。月並の登城は、この朔望を基本に月末を加えて実施されたものです。頻繁に行われるため、手留の数も増えたものでしょう。

さらに、ラベルは続きます。ラベルへの記載事項を確認すると、「増上寺」「上使」「惣出仕」（土用・寒入・初雪など）「公家衆」「参勤御暇都而御礼」「御能」「上野」「元服」「御三家日光寺院拝領物」「添」「遠御成」「管弦奏楽非常退役」「雑」「御内書」「三季・鯖献上」「御祝儀」「紅葉山」「新役」「御縁組」「将軍宣下御転任御兼任御任槐」「嘉祥・玄猪」「度々被仰渡拝領物」などとあります。

以上のようなラベル記述からは、奏者番が江戸殿中で関わるすべての儀礼情報を、ここに取り揃えていたことが明らかです。箪笥の存在に奏者番の活動や、情報集約のあり方が如実に示されているといえます。ラベルには貼り替えた箇所もみられますが、これは文書が増えるなかで貼り替えたものでしょう。後に触れますが、最初からすべてが揃っていたのではなく、次第に増えていったと考えられます。もう一つの箪笥（写真a左手）にはラベルがありませんが、この箪笥の場合、ラベルを貼る段階までには情報の集積・整備が進まなかったのかもしれません。秋元の奏者番就任は慶応二年（一八六六）三月ですから、幕府の崩壊により作業が中断したことも考えられます。

手留を各所で確認する

ところで、秋元文庫の調査を進めるなかで、同じようなものを愛知県渥美半島の田原《たわら》藩三宅家文書のなかに見たことを、かすかながらに思い出しました。十数年前、当時、徳川林政史研究所の研究員であった松尾美恵子さんの調査に同行した時のことです。現在、田原藩三宅家の文書は、田原市博物

田原藩三宅家奏者番手留箪笥（田原市博物館所蔵）

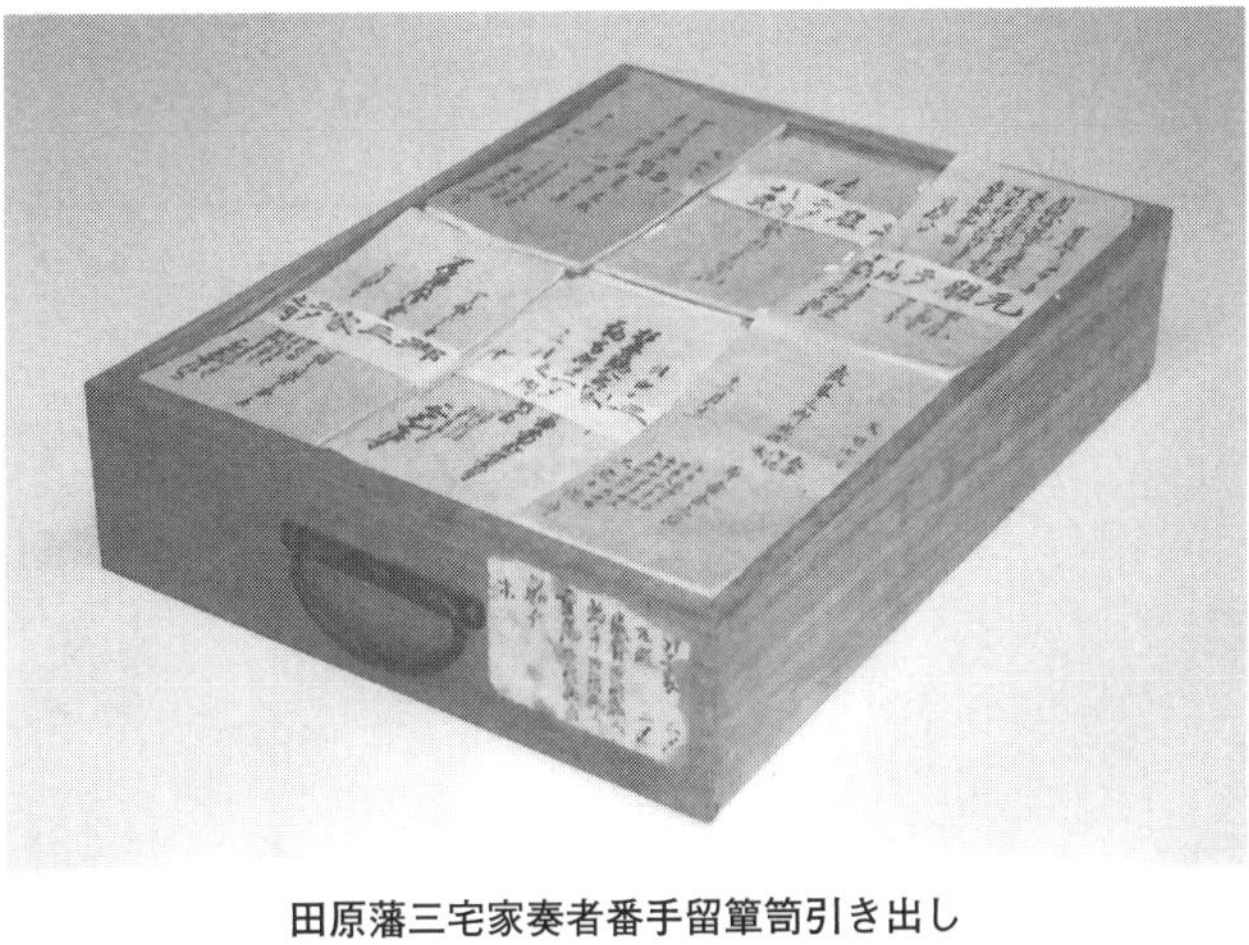

田原藩三宅家奏者番手留箪笥引き出し

館に収蔵されていますが、当時は城跡の薄暗い土蔵に収納されていました。町の教育委員会の方の文書出納の手伝いで、わずかな時間入庫した際、奏者番の史料が入っている箪笥の存在をお話しいただいたものです。

記憶に突き動かされ、その後まもなくして、私は田原町（現田原市）を訪ね、たいへん驚くことになりました。館林藩の秋元家に伝えられた文書箪笥とほんとうによく似ていたのです。大きさや引き出しの構造などは微妙に異なるのですが、箪笥による手留管理の方法は、同じ発想といえます。箪笥は、大小二つがありましたが、とくに大きな方に類似点が多かったといえます。

大きな箪笥は、六段三列の引き出しからなり、各引き出し内は六つに仕切られます。引き出しの構造は館林のものとやや異なりますが、折本形式の手留収納を目的とする点、引き出しにインデックス用のラベルを付して検索の便をはかる点など、同様の発想です。箪笥のサイズは高さ六十一・七㎝、横九十四㎝、奥行き四十三㎝であり、館林藩のものより大きく、二千点ほどの手留の収納が可能です。その箪笥にびっしりと手留が詰まっていたのです。

その後、折本型の手留を利用した情報整備は、館林・田原のみならず、奏者番を務めた大名家のなかに広く確認されました。まず、都立大学所蔵の水野家文書。この文書群は幕府の天保の改革を推進した老中水野忠邦《ただくに》の家に伝来したものであり、忠邦、その子息忠精《ただきよ》が老中就任以前奏者番を務めたことから、相当数の手留がみられます。

他では学習院大学史料館が収蔵する武蔵国忍《おし》藩阿部家文書、東京大学史料編纂所が有する米倉丹後《よねくらたんごの》守《かみ》関係文書などにも確認されます。

したがって、奏者番を務める多くの家々が、手留という方法で殿中儀礼の情報を集約していた可能性が高いことが考えられます。今後、奏者番を務めた大名家を調査することで、まだまだ発見されるでしょう。数年で交代する奏者番が常時二十人ほど在職したわけですから、多くの家に残されている可能性があるわけです。

また、奏者番の情報活動のうちで、この手留の利用はどのような意味を有したのか、全体のなかでの位置づけが必要と考えます。この点に関して、次に検討してみましょう。

情報集約手段としての手留とは

手留作成について検討しながら手留の特徴・役割について理解を深めようと思います。

さて、先の写真からも概ね明らかなように、手留の作成では表紙・裏表紙を付し、本文を蛇腹折《じゃばらおり》にするなどなかなか手間がかかります。しかも、一情報につき手留一点の割合で作成しますから、その数は数千点に及びます。

手間のかかる手留を、奏者番はなぜ作成したのでしょうか。たしかに、手留も文書箪笥のような収納容器に、内容ごとに分け、インデックスを付して配列することで、必要な情報をスムーズに抽出できます。しかし、それだけであれば、情報を内容分類したうえで帳面に順番に記した方がはるかに簡

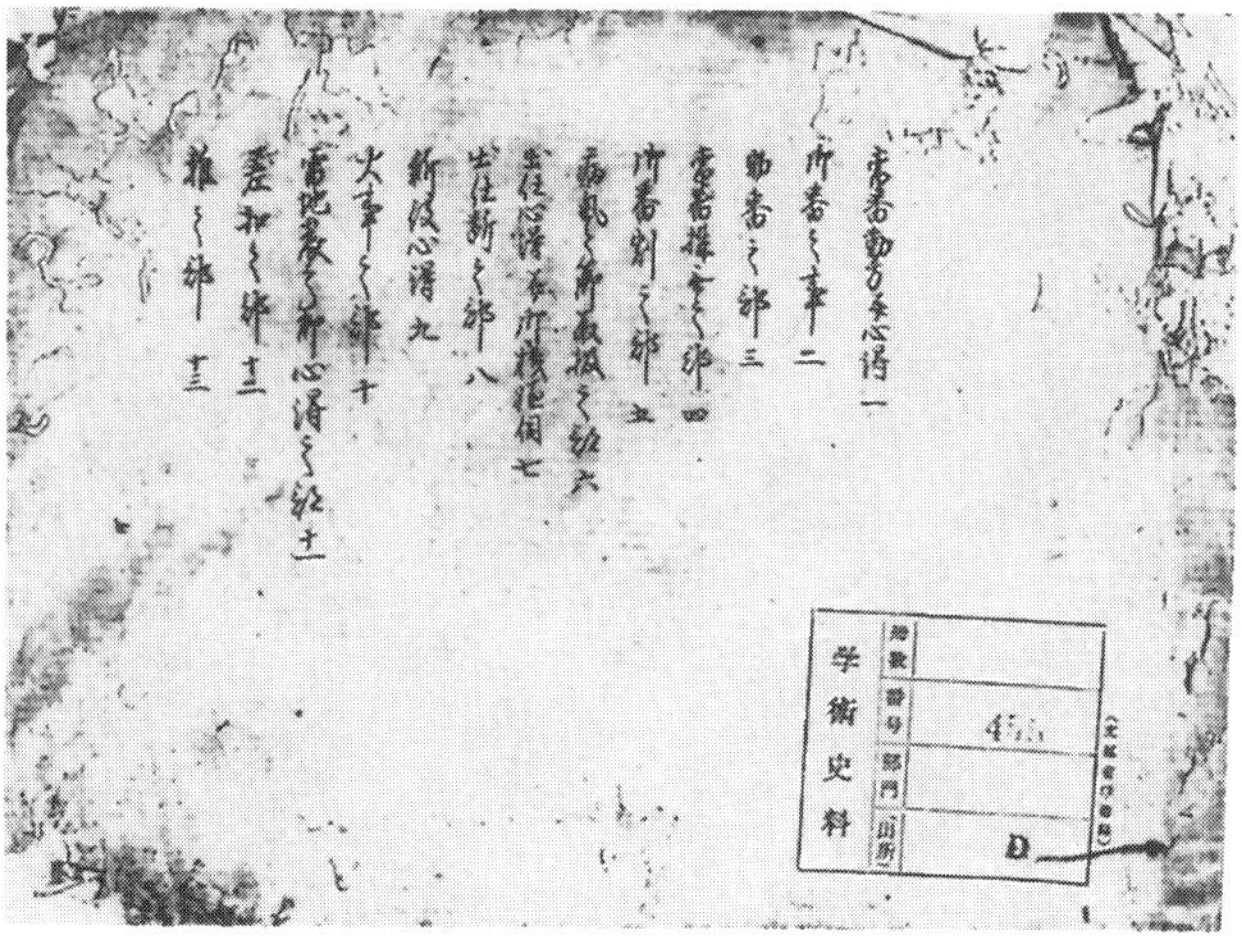

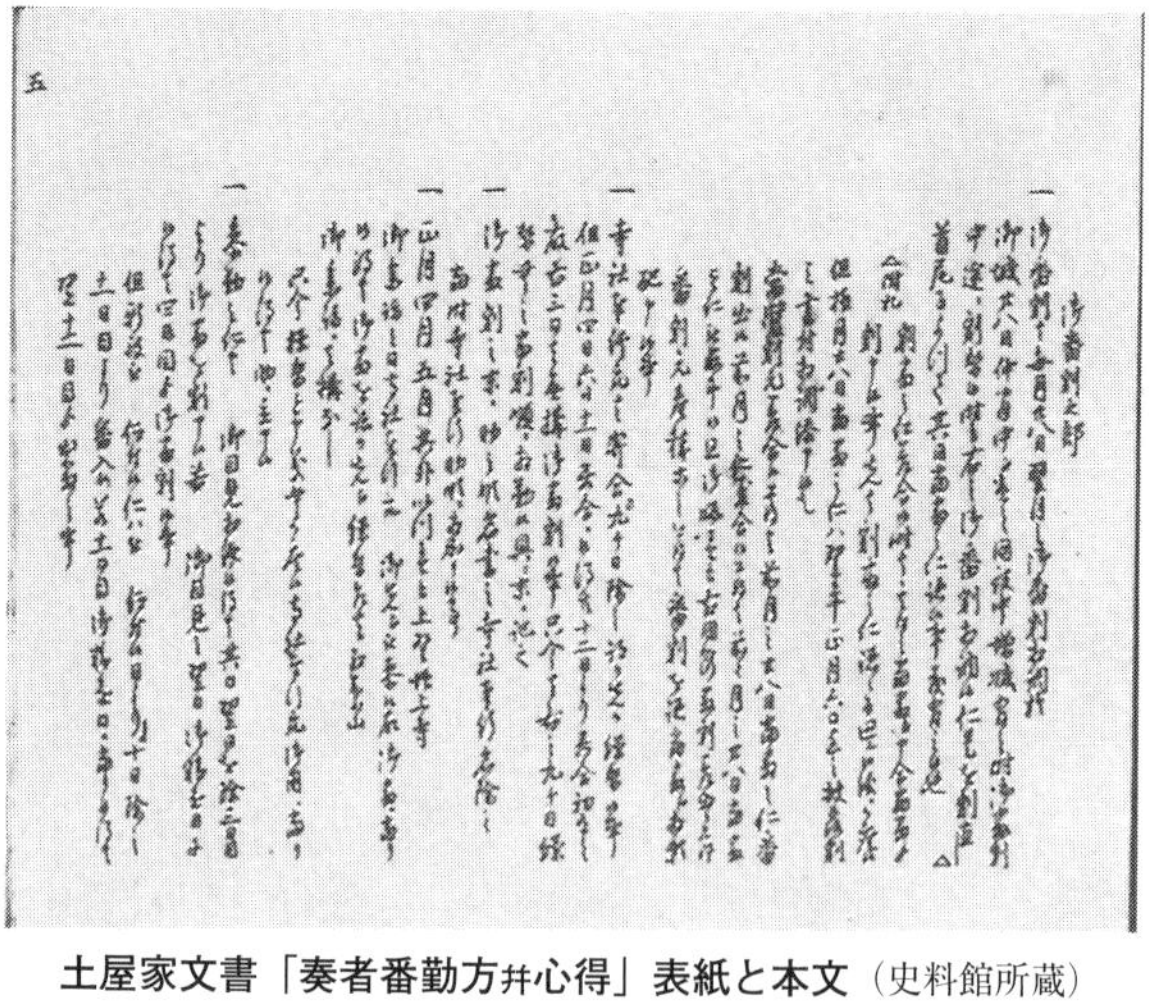

土屋家文書「奏者番勤方并心得」表紙と本文（史料館所蔵）

単です。

帳面に情報を書き留める方法は、もっとも広くみられる方法であり、奏者番もそうした帳面を利用した情報集積を広く行っています。たとえば、先に示した土屋家文書にみられる「奏者番勤方并心得」もその一つです。その内容構成を確認すると、「当番勤方并心得・御番之部・病気之節御番取扱之部・火事之節之部・新役心得・差控之部・雑之部」という七つの見出しが用意され、その元に関連する情報が記されます。大きさは竪十六・五cm×横二十二・八cmと小ぶりです。そのうえ料紙は薄い雁皮紙を用いるため、たいへんコンパクトな仕上がりです。文字も小さく、その情報量はかなりの分量といえます。

このように情報を簿冊にまとめることは、江戸時代に限らずさまざまな場面でみられます。大量の文字情報を管理する方法としてはもっとも一般的な方法であることは間違いありません。

それでは帳面を利用した場合と、手留を利用して情報を集積した場合とでは、どこが違うのでしょうか。情報資源化手段としての手留の特徴について理解を深めたいと思います。

双方とも、見出しを作成し、そのもとに情報を集積するわけですから、同じと考えることも可能ですが、情報管理ということでは相当の違いを指摘できます。

たとえば、新規情報や追加・変更事項が発生した場合、帳面型の情報管理では、多くは貼紙や掛紙などによる修正が行われます。そして、その分量が増えれば、全体の作り直しが必要となります。したがって、通常、帳面型は、情報への訂正・追加が頻繁に起こらない場合や、情報が追加されるにしろ単純に後ろに足していく場合にのみ利用されることになります。

一方、手留という方法であれば、全体を作り直す必要はなく、新規手留を作成し、箪笥などの収納容器のしかるべき箇所に納めれば済みます。修正を要する情報が発生した場合も、該当する手留のみを作り替えればよいわけです。つまり、手留の利用とは、バインダーに情報を集積するような方法といえます。新規情報の追加、不要情報の削除、情報の並べ換えが、極めて容易に行える点が特徴であるわけです。

また、折本という形態にも注目したいと思います。折本の特徴は、全部広げなくても読める点にあります。手元で繰っていけば、殿中でも他の者に目立つことなく、必要とする箇所を読めます。奏者番が江戸殿中に持参し、儀礼執行の準備に利用することも可能であるわけです。もちろん、簿冊型もコンパクトに作成することは可能ですが、情報を完備すればするほど大部なものとなってしまいます。情報完備と利便性は矛盾するのが一般です。しかし、手留であれば、必要な情報のみを携帯することが可能です。簿冊型による情報集積・利用を改善しようとした結果、生み出されたのが手留と考えられるのです。

さて、奏者番手留の特色を以上の点に求めると、手留の新規発生や殿中利用などがたいへん頻繁であったことを論証しなければなりません。手留の作成について触れながら、次に考えてみたいと思います。

第四節　奏者番手留の作成と情報活動

館林藩秋元氏の手留作成

手留の作成を考えるうえでまず注目されるのは、手留の表紙にある書写情報です。たとえば、館林藩秋元家の大半の手留には、表紙左裾に「朽木近江守留　秋元但馬守」と記されます（前掲手留写真c参照）。これは、奏者番朽木《くつき》近江守《おうみのかみ》から提供された手留をもとに秋元家で作成したことを示しています。

また、数は少ないのですが、「朽木近江守留」以外を出所とする手留も存在します。それをいくつか示すと次の通りです。

「井上河内守留　堀田豊前守写　安藤対馬守写　朽木近江守より借写　秋元但馬守」
「鳥居丹波守留　朽木近江守より借写　秋元但馬守」
「安藤対馬守留　朽木近江守より借写　秋元但馬守」
「石川主殿頭留　朽木近江守借写　秋元但馬守」
「久世出雲守留　稲垣安芸守借写　朽木近江守借写　秋元但馬守」

最初のものであれば、井上河内守のものが堀田豊前守→安藤対馬守→朽木近江守→秋元但馬守と書写されたことを示しています。

内容は手留表紙に「文化八辛未年　正月二日当番相勤候留　同月七日七種之御祝儀其外御礼衆有之幷去ル二日之御帳差留候留」とあり、文化八年（一八一一）の正月参賀、七種《ななくさ》に関する情報です。この手留をそもそも発生させた井上河内守正甫は、享和二年（一八〇二）から文化十三年（一八一六）まで奏者番を務めますので、在職当時に作成したものと考えられます。そして、それを写した堀田・安藤・朽木・秋元はいずれも奏者番経験者であり、先輩から後輩へと書写されたわけです。秋元がそれを書写したのは、奏者番就任後、つまり慶応二年（一八六六）三月以降ですから、文化八年のそもそもの情報発生からは約五十五年の時間が経過していることになります。

ところで、「朽木近江守留」以外を出所とする手留の書写系統を確認すると、秋元氏の直前の奏者番は、いずれの場合も朽木近江守です。他のものは「朽木近江守留　秋元但馬守」と記されるわけですから、秋元家に発生した千点を越える手留は、すべて朽木氏の便宜によって書写作成されたことになります。

ちなみに朽木近江守（綱張）は、弘化三年（一八四六）六月十八日に奏者番となり、文久元年（一八六一）五月二十六日まで務め、病気からいったん職を離れますが、元治二年（一八六五）三月四日再度登用され、慶応三年（一八六七）二月二十五日まで務めます。秋元氏の就任は慶応二年三月二十四日ですから、就任時に朽木近江守は大先輩として在職していたことになります。就任時の秋元の年齢は二十歳、一方、朽木の年齢は五十一歳であり、年齢でも経験面でも先輩であったわけです。

この朽木氏からの便宜は、基本的には両者が師範と弟子という関係にあったためと考えられます。師範と弟子の関係については先に述べましたが、この手留も師範である朽木氏が全面的に協力したものと考えられます。具体的には朽木氏が作成していたものを、順次拝借して書写したものでしょう。

しかし、情報源を師範に一本化する方法は必ずしも一般的とはいえません。それは先にみた手留書写系統で朽木氏がさまざまな箇所から情報を得ていることからも明らかです。ちなみに朽木氏の師範は、安藤対馬守信由が務めましたが、手留の書写系統では、安藤の名前は一度みられるに過ぎません。秋元家に伝来した手留の出所が朽木氏のみであるのは、たいへん特異な事例といえるわけですが、おそらくこれは集積途中で幕末を迎えたことが理由と考えられます。つまり、秋元氏は就任直後師範朽木氏から手留情報の提供を受け、その作成をあらかた済ませ、さらに他の奏者番からも情報を得ようとしたところで幕末を迎えたのではないでしょうか。もし、そのまま続いていれば、さまざまな家の手留が集積されたに違いありません。

次に、田原藩三宅氏の手留作成のための情報収集について検討してみましょう。

田原藩三宅氏の手留書写系統

田原藩の場合、手留を二つの手留簞笥に収納していたことを先に述べましたが、そのうち大簞笥の引き出しには「イロハ文字」が記され、内容分類された手留が帯封で結束されたうえで収納されます（篳篥写真一三七頁参照）。そのうち、イの箱の最初の三束を取り上げ手留の書写関係を示してみました。ちなみに、内容は一束目が年末の煤払い行事、二束目は養子縁組など、三束目は殿中での奏楽・舞楽等に関するものです。

〈奏者番手留の書写系統〉

イの箱（一束目）

文化10年　松平壱岐守留→三宅

文化13年　小笠原相模守留→安藤対馬守→石川主殿頭→三宅

文政元年　小笠原相模守留→三宅

文政元年　安藤対馬守留→石川主殿頭→三宅

文政3年　小笠原相模守留→三宅

天保3年　松平和泉守留→内藤大和守→安藤対馬守→石川主殿頭→三宅

イの箱（二束目）

寛政6年　松平右京亮留→堀田豊前守→三宅

享和元年　松平右京亮留→堀田豊前守→三宅

文化元年　堀田豊前守留→三宅

文化10年　内藤豊前守留→内藤大和守→松平伊豆守→板倉周防守→三宅
文化11年　松平伯耆守留→内藤大和守→松平伊豆守→板倉阿波守→三宅
文政5年　土屋相模守留→板倉阿波守→三宅
文政11年　石川主殿頭留→三宅
文政11年　土井大炊頭留→堀田豊前守→三宅

イの箱（三束目）

文政9年　本多下総守留→板倉阿波守→三宅
天保2年　石川主殿頭留→三宅
天保5年　戸田因幡守留→板倉阿波守→三宅
天保6年　朽木隠岐守留→板倉阿波守→三宅

この書写一覧からは、十八点の手留が三宅の元に蓄積されるまでに、どのように貸借され、書写されてきたものか、大まかな状況が確認されます。また、館林藩秋元氏が朽木氏に全面的に頼ったのに対して、三宅氏の手留借り入れ先は、この十八点だけでも五箇所に及びます。もっとも多いのは、板倉阿波守勝職（のち周防守）（六点）、ついで石川主殿頭《とのものかみ》（五点）、堀田豊前守（四点）、小笠原相模守（二点）、松平壱岐守（一点）です。ちなみに三宅氏の師範は板倉阿波守であり、同人からの借り入れは十八点のうち六点に過ぎません。三宅氏が師範・弟子関係にとらわれず、同職者から広く手留情報を取得していたことがここからも明らかです。

しかし、奏者番職総体での手留の書写を考えるには、手留の表紙に記された書写系統の情報だけでは不十分です。

たとえば、松平和泉守留→堀大和守→石川主殿頭→三宅というように手留の書写系統が示されていても、これはあくまで三宅氏に伝えられた手留の書写系統であり、他にもさまざまな書写の流れがあったとすべきです。つまり、松平和泉守から手留を借り出したのは、堀大和守のみとは限りませんし、また、堀大和守が書写した手留を写した人物も決して石川主殿頭だけとはいえないわけです。一点の手留はピラミッド型に書写のすそ野を広げます。出所は一つですが、いくつもの書写系統が存在したといえます。その展開は、三宅氏の場合から明らかなように師範と弟子という関係をも越えていたわけです。

また、手留の収集先は、現職の奏者番に止まらず、離職者からも収集されたのでした。たとえば、先に一覧した一束目の松平壱岐守留は文化十年（一八一三）のものですが、これを作成した壱岐守の在職期間は文化五年（一八〇八）~文政七年（一八二四）四月までです。三宅氏が奏者番に就任するのは、天保十二年（一八四二）ですから、この段階では松平壱岐守はすでに離職しています。また、同じく一束目の小笠原相模守留は文政元年のものですが、相模守の在職期間は文化十三年（一八一六）~文政十二年（一八二九）までです。この場合も三宅氏の就任期間から外れています。同様のことは二東目文化元年（一八〇四）の堀田豊前守留の場合にもいえます。

手留貸借の範囲は、どこまで広がったのか、さらに事例を集める必要がありますが、ここでは、情報ネットワークが在職者を越える場合、相互の関係を成立させていたものは何か、そこが問題です。この場合、情報ネットワークは現職者はもちろん、奏者番経験者も含めた形で存在したことになるため、基本的には奏者番という組織的な枠組みを越えた存在ということになります。同職にあったということでの同志意識は存在したでしょうが、情報交換を実際に実現させるには、家と家との関係以外には考えられないのではないでしょうか。それは幕府への奉公における私的な取り組みであったわけです。

手留の流通と生成

手留は広範な貸借・書写行為を通じて、奏者番職の者の手元に有用な執務情報として集積されたことを述べてきましたが、実際の貸借状況を次に確認してみましょう。

田原藩三宅家文書群中の二つの帳簿に注目しようと思います。一つは「御手留借込帳《おてどめかりこみちょう》」（弘化二年五月改）、もう一つは「御手留御貸出帳《おてどめおかしだしちょう》」（天保十四年十一月）と題される帳簿です。

「御手留借込帳」は、三宅氏が他の奏者番から手留を借覧した際の記録簿であり、借覧した手留の内容、内容発生年次、発生者・帳簿名、借用年月日、返却年月日などが記されます。なお、同帳簿の記述は弘化二年（一八四五）五月に始まりますが、表紙に「弘化二年五月改」とあるため、五月に旧帳から新帳に更新したことが考えられます。三宅氏の奏者番就任は天保十二年（一八四一）十二月八日のことですから、この直後から同様の帳簿が作成され、ここで更新されたわけです。

一方の「御手留御貸出帳」は、三宅氏が他の奏者番からの求めに応じて手留を貸し出した際の記録です。

まず、「御手留借込帳」の九月晦日までの記載を一覧表にまとめた第5表をみてください。表の読み方ですが、たとえば最初のものですと、朽木讃岐守による天保五年（一八三四）六月三日付の手留「参勤之御礼願書差出候留」を、板倉周防守から弘化二年五月二十六日に借り、同年六月四日に返したということです。ちなみに田原藩三宅氏は、五月二十六日に板倉周防守から都合六点の記録を借ります。内容はいずれも「参勤之御礼願書差出候留」ですが、そもそもの情報は、朽木讃岐守留、安藤対馬守留（二点）、松平伊豆守留（二点）、安藤大和守留です。

「留」に関して何も論及せずに話してきましたが、通常「留」は、「御用留」「書留」の使用例などから簿冊型の記録であることをイメージさせます。しかし、ここでの留は「手留」そのものを指しているとみて間違いないように思います。

それは「御手留借込帳」に「参勤之御礼願書差出候留」などと「留」を用いた史料名が記されても、その貸借に関する記事に「六折共参勤之御礼願書」「右六折六月四日以御刀番奉札一先御返却ニ相成候」というように、貸借する史料の単位を「折《おり》」とする点からも推察されるでしょう。この「折」という形態は、いわゆる「蛇腹折《じゃばらおり》」であることを意味しており、帳簿型のものは決して「折」とはいいません。つまり、手留は簿冊型の留帳を借用して作成されたものではなく、手留を借りてきて手留を作成するのが基本であったといえます。手留表紙に書写系統を記すことも、同じように書写するからこそ書き連ねることになったものでしょう。また、こうしたなかで手留の大きさも次第に均質化していったと考えられます。さらには同じような保管のための箪笥を造らせることにもなったわけです。館林・田原両藩の手留と、収納箱が、酷似していた理由もここにあるといえます。

やや脱線した感があります。再び「御手留借込帳」（第5表）によって、田原藩三宅氏の手留借り込みの様子を探ってみましょう。

まず、借り入れ先ですが、たいへん多くの者から借用しており、特定の人物に限られません。また、特定の相手であっても借り入れが一度で済むことはなく、断続的に続きます。鳥居丹波守であれば、六月八日、六月二十五日（五件）、七月十日、七月十二日（二件）、七月十四日、七月二十三日、七月二十八日（二件）、八月十二日（三件）、八月二十四日（三件）という具合です。これは一度に大量に借用するのではなく、必要に応じて借用する方法が取られた結果です。

たとえば、五月二十六日、参勤交代に関する手留を、板倉周防守から六折借用しますが、これは参勤交代の季節となり、殿中での対応に関係して借覧したものでしょう。また、六月十日には「嘉祥当番相勤候留」を本多豊後守から借り、翌日に返却していますが、この留を借り入れた理由は、「嘉祥《かじょう》」

第5表　弘化2年5月改「御手留借込帳」（田原市博物館）

情報発生年月日	借用手留名／内容	手留発生源	借用先	借用日	返却日	備考
天保5年6月3日	参勤之御礼願書差出候留	朽木讃岐守留	板倉周防守	5月26日	6月4日	
文政5年6月3日	参勤之御礼願書差出候留	安藤対馬守留	板倉周防守	5月26日	6月4日	
文政3年6月3日	参勤之御礼願書差出候留	安藤対馬守留	板倉周防守	5月26日	6月4日	
文政7年9月18日	参勤之御礼願書差出候留	松平伊豆守留	板倉周防守	5月26日	6月4日	
文政5年7月18日	参勤之御礼願書差出候留	松平伊豆守留	板倉周防守	5月26日	6月4日	
文政11年6月5日	参勤之御礼願書差出候留	安藤大和守留	板倉周防守	5月26日	6月4日	
—	御奏者番系図	鳥居丹波守	鳥居丹波守	6月8日	12月28日	
文政9年6月16日	嘉祥当番相勤候留		本多豊後守	6月10日	6月11日	
6月13日	御暇之節当番相勤候留・非番ニ而罷出御披露相勤候留（四十折）		板倉様	6月13日	12月8日	
天保9年6月13日	（御暇其外御礼衆非番ニ而披露勤候留）	鳥居丹波守	鳥居様	6月12日	8月16日	
天保9年6月13日	（年始諸事取扱等帙入十冊）		師範様	6月17日	11月8日	
天保15年1月28日	月次御礼白書院肝煎初而勤候留	伊東修理大夫		6月24日	8月16日	
天保15年4月1日	松平大隅守参勤御礼等勤候留	伊東修理大夫		6月24日	8月16日	
天保10年6月1日	月次御礼其外肝煎勤候留	鳥居丹波守		6月25日	8月16日	
天保13年5月1日	月次御礼非番ニ而肝煎勤候留	鳥居丹波守		6月25日	8月16日	
天保13年4月28日	月次御礼非番ニ而肝煎勤候留	鳥居丹波守		6月25日	8月16日	
天保15年2月28日	月次御礼非番ニ而肝煎勤候留	鳥居丹波守		6月25日	8月16日	
天保12年12月28日	不時御礼肝煎勤候留	鳥居丹波守		6月25日	8月16日	
天保8年6月1日	月次御礼其外肝煎勤候留	戸田因幡守	土屋采女正	7月3日	8月16日	
天保12年7月7日	七夕御祝義助番勤候留		伊東様	6月6日	7月4日	
天保12年7月7日	七夕御祝義当番勤候留		伊東様	6月6日	7月4日	
天保14年7月7日	七夕御祝義当番勤候留		伊東様	6月6日	7月4日	
文政元年5月5日	端午助番勤候留	土屋采女正		7月5日	7月6日	

天保12年8月21日	檜之間在着御礼助番勤候日記書抜	牧野山城守		7月9日	7月10日	
天保12年8月21日	檜之間在着御礼助番勤候日記書抜	鳥居丹波守	鳥居様	7月10日	7月10日	
天保13年7月14日	紅葉山予参勤候留	鳥居丹波守	鳥居丹波守様	7月12日	8月16日	
天保10年7月14日	紅葉山予参勤候留	鳥居丹波守	鳥居丹波守様	7月12日	8月16日	
天保14年3月28日—4月29日	尾州へ上使相勤候留	加納遠江守留	伊東様	7月12日	7月12日	伊東様より順借、伊東へ返却
天保10年3月26日—4月29日	尾州へ上使相勤候留	加納遠江守留	伊東様	7月19日	7月21日	伊東様より順借、7月21日田辺様へ返却申候
天保13年7月15日	西城当番之留	鳥居丹波守		7月14日	7月15日	
――	松平建之丞様手留		松平建之丞	7月3日	11月2日	
天保15年6月1日	西之丸当番相勤候留	岡部内膳正留		7月22日	10月玄猪	先方より奉礼無之御手留計状箱ニ入来り申候
天保15年5月10日	西之丸添番相勤候留	牧野山城守留		7月23日		
天保15年6月4日	西之丸当番相勤候留	岡部内膳正		7月22日	7月25日	此折写不申候
文政12年10月17日	水戸殿逝去当番勤候留	内藤大和守		7月23日	8月16日	
文政10年6月13日	徳川式部卿逝去当番勤候留	内藤大和守		7月23日	8月16日	
天保10年3月29日—4月2日	尾張殿逝去当番勤候留	鳥居丹波守		7月23日	7月24日	
文政10年2月22日	一橋儀同薨去惣出仕西之丸当番相勤候留	土屋相模守		7月26日	8月16日	
天保11年8月1日	非番御手留		鳥居様	7月28日	8月16日	
天保14年8月1日	八朔祝義西丸添番勤候留		鳥居様	7月28日		
文化6年7月1日	御中陰月次当番勤候留	大岡主膳正留	松平若狭守様	7月	8月16日	
天保3年8月1日	八朔手留	水野壱岐守留	牧野河内守より直借	8月1日	9月2日	
天保5年8月1日	八朔手留	本多豊前守留	牧野河内守より直借	8月1日	9月2日	

天保5年8月1日	八朔手留	本庄伊勢守留	牧野河内守より直借	8月1日	9月2日	
天保7年8月1日	八朔手留	本庄伊勢守留	牧野河内守より直借	8月1日	9月2日	
文政13年8月1日	八朔手留	大岡主膳正留	牧野河内守より直借	8月1日	9月2日	
文政9年8月1日	八朔手留	大岡主膳正留	牧野河内守より直借	8月1日	9月2日	
文政11年8月1日	八朔手留	堀田豊前守留	牧野河内守より直借	8月1日	9月2日	
天保11年3月16日	講釈院聞候留		丹波守より	8月12日	8月15日	
文政13年2月10日	講釈院聞候留		丹波守より	8月12日	8月15日	
文政12年2月10日	講釈院聞候留		丹波守より	8月12日	8月16日	
寛政10年5月15日	月次御礼当番之留		諏訪様より	8月12日	9月6日	
天保13年12月19日	天保十三年十二月十九日之留		安藤対馬守		9月2日	
文政6年12月19日	土屋采女正（留）		土屋采女正より		9月2日	
天保15年7月21日	水戸様御家督御礼之当番留		建部様	8月23日	午3月21日	
文化13年10月23日	水戸中将殿御家督御祝之書留	鳥居丹波守		8月23日	9月2日	鳥居様手留若狭守より巡借
文政10年8月28日	尾張中将殿御家督御礼之節当番相勤候留	土井淡路守留	鳥居様	8月24日	9月2日	鳥居様手留松若狭守より順借
文政10年8月28日	尾張中将殿御家督御礼之節登城留	西尾隠岐守	鳥居様	8月24日	9月2日	鳥居様手留松若狭守より順借
文政10年8月29日	尾張中将殿御家督御礼之節登城留	本多下総守	鳥居様	8月24日	9月2日	鳥居様手留松若狭守より順借
寛政12年2月28日	尾張中将殿御家督御礼之節当番之留	有馬左兵衛佐留	諏訪様		9月2日	諏訪様より順借因幡様返却

天保13年4月	天保十三年日記		土屋様	8月26日	9月19日	土屋様より順借、市正様へ返却
弘化2年	右大将様御成還御目見等当番留	松平市正		8月26日	9月2日	
弘化2年5月18日	公方様上野厳有院へ参詣之節当番留	松平市正	戸田淡路守	8月26日	9月2日	戸淡路様より順借、市正様へ返却
文政10年9月1日	土井淡路守留	土井淡路守留	師範様	8月27日	11月8日	
文政11年9月1日	堀田豊前守留	堀田豊前守留	師範様	8月27日	11月8日	
天保2年9月1日	板倉阿波留	板倉阿波留	師範様	8月27日	11月8日	
文政11年9月1日	内藤大和守留	内藤大和守留	師範様	8月27日	11月8日	
—	肝煎之覚	戸田因幡守留・鳥居様御留	若狭様	8月27日	9月2日	鳥居様御留若狭様より借込
文政10年9月2日	尾張中将殿御家督御礼助番相勤候留	土井淡路守留	修理様	9月2日	9月6日	
天保14年9月3日	新庄主殿頭留	新庄主殿頭留	新庄主殿頭	9月3日	9月3日	阿部能登守様より順借申来ル
天保13年5月6日	新庄留	新庄留		9月4日	12月28日	
天保2年7月1日	板倉阿波留	板倉阿波留	板倉周防守	9月6日	(弘化3年)閏5月12日	
文政12年12月15日	九鬼留	九鬼留	板倉周防守	9月6日	閏5月12日	
文政6年10月15日	本多豊後守	本多豊後守	板倉周防守	9月6日	閏5月12日	
天保8年12月28日	内藤紀伊留	内藤紀伊留	板倉周防守	9月6日	閏5月12日	
文政6年4月1日	土屋相模守留	土屋相模守留	板倉周防守	9月6日	閏5月12日	
文政8年4月1日	土岐山城留	土岐山城留	板倉周防守	9月6日	閏5月12日	
文政4年1月28日	松平伊豆守留	松平伊豆守留	板倉周防守	9月6日	閏5月12日	
文政元年9月15日	本多豊後守留	本多豊後守留	板倉周防守	9月6日	閏5月12日	
文化3年2月15日	松平右京亮留	松平右京亮留	板倉周防守	9月6日	閏5月12日	
文化6年10月15日	松平壱岐守留	松平壱岐守留	板倉周防守	9月6日	閏5月12日	
文政3年6月15日	土屋相模留	土屋相模留	板倉周防守	9月6日	閏5月12日	

寛政12年11月15日	内藤大和留	内藤大和留	板倉周防守	9月6日	閏5月12日	
文化15年1月28日	松平伊豆留	松平伊豆留	板倉周防守	9月6日	閏5月12日	
文化7年6月1日	松平壱岐守留	松平壱岐守留	板倉周防守	9月6日	閏5月12日	
文化3年10月15日	本多豊後留	本多豊後留	板倉周防守	9月6日	閏5月12日	
文政13年12月15日	間部下総留	間部下総留	板倉周防守	9月6日	閏5月12日	
天保3年12月15日	土屋相模留	土屋相模留	板倉周防守	9月6日	閏5月12日	
文政13年2月15日	脇坂中務留	脇坂中務留	板倉周防守	9月6日	閏5月12日	
文政12年12月1日	本多下総留	本多下総留	板倉周防守	9月6日	閏5月12日	
寛政12年閏4月1日	松平周防守留	松平周防守留	板倉周防守	9月6日	閏5月12日	
文政7年5月1日	太田摂津留	太田摂津留	板倉周防守	9月6日	閏5月12日	
天保2年12月15日	九鬼長門留	九鬼長門留	板倉周防守	9月6日	閏5月12日	
文政9年10月1日	松平宮内少輔留	松平宮内少輔留	板倉周防守	9月6日	閏5月12日	
文政9年5月15日	松平宮内少輔留	松平宮内少輔留	板倉周防守	9月6日	閏5月12日	
文政5年12月1日	松平伊豆守之留	松平伊豆守之留	板倉周防守	9月6日	閏5月12日	
文政4年10月15日	丹羽長門留	丹羽長門留	板倉周防守	9月6日	閏5月12日	
文政12年8月15日	土屋相模留	土屋相模留	板倉周防守	9月6日	閏5月12日	
天保15年2月20日	公方様上野参詣之節之留	伊東修理大夫		9月6日	9月12日	
天保13年2月20日	公方様上野参詣之節之留	伊東修理大夫		9月6日	9月12日	
天保12年9月9日	——	牧野河内守		9月9日		
天保12年9月9日	——			9月9日		阿部能登守より順借申来ル、返却此方也
天保3年9月15日	肝煎之留		大膳様	9月12日		
天保5年1月28日	肝煎之留		大膳様	9月12日		
	御白黒書院太刀目録畳付			9月13日	9月13日	
天保12年4月28日	月次御礼其外肝煎相勤候留	牧野山城守		9月13日	10月11日	本丸ニ於て牧野河内守より直借

天保12年4月1日	月並御礼其外肝煎相勤候留	牧野山城守		9月13日	10月11日	本丸ニ於て牧野河内守より直借
天保15年2月15日	月並御礼其外肝煎相勤候留	牧野河内守		9月13日	10月11日	本丸ニ於て牧野河内守より直借
天保14年8月23日	公家衆幷東本願寺御対顔之節助番相勤候留		伊東修理大夫	9月19日	11月2日	
―	当四月十七日助番之御日記書抜	戸田淡路守留			9月23日	
天保9年11月14日	甲州川之御普請御用勤留	松平右京亮		9月22日	12月28日	
天保3年3月29日	於柳之間水野出羽守家来拝領添番留	安藤対馬守		9月21日	12月28日	
天保9年	甲州川之御普請御用拝領物添番留	松平右京亮		9月22日	12月28日	
天保10年5月29日	御番替相勤候留	加納遠江守留				
天保11年9月7日	公家衆御馳走御能之節致御番替致候留	青山大和守	中務様	9月22日	10月11日	
文政8年6月13日	御暇之衆幷御礼衆当番留	牧野越中守	牧野遠江守	9月22日	12月晦日	
天保10年3月1日	公家衆御馳走御能之節致御番替致候留	鳥居丹波守留	松平若狭守	9月23日	12月28日	
天保11年9月5日	公家御対顔御披露御番替勤候留	牧野山城守		9月24日		
天保13年2月24、25日	公家御対顔之節当番留	牧野山城守		9月24日		
享和3年閏正月28日	日記書抜	大久保安芸守留	大久保加賀守	9月26日	11月朔日	
天保9年2月27日	公家衆御番替相勤候留	本多豊前守		9月24日	11月朔日	
天保4年3月2日	公家衆御返答留	牧野山城守	牧埜様(直借)			
天保3年3月4日	公家衆御返答留	牧野山城守	牧埜様(直借)			
文政13年3月2日	公家衆御返答留	牧野河内守	牧埜様(直借)			
文政8年8月15日	月次御礼	本多	本多兵部大輔様	9月晦日	11月2日	

という、江戸殿中でお菓子を下賜する儀式が六月十六日にあるからです。江戸殿中に何万個というお菓子が並べられ、それを諸大名や旗本たちに下賜するものです。余談ですが、これは今日のバレンタインデーと同様、関係業界からの働きかけの結果と考えられます。おそらく、江戸のお菓子屋さんが画策してお菓子の日にしてしまったのではないでしょうか。

さらに八月一日には殿中儀礼八朔に関する手留七折を、牧野河内守から直借しています。八朔の手留を八月一日に借用したのでは事前準備になりませんが、これはおそらく、八朔を終えた殿中で、今後の参考のために、三宅氏が牧野河内守より直接借用したものでしょう。

以上のような儀礼の場面での対応のために、奏者番はしかるべき情報を収集します。それは就任した時点で過不足なくすべて揃えるといった方法ではなく、執務に関係して必要と思われる情報を集める方式であったわけです。毎年の状況に応じて、より適切な情報を収集することが続くわけです。基本的な情報は完備していても、それだけでは不充分であり、例外的な状況に対しても先例をもって応じることが求められたわけです。もちろん、手元にないものを補充するような、普段からの心掛けもあったに違いありません。

次に借込帳から手留借入の状況を月ごとに集計すると、弘化二年五月が六件、六月十三件、七月二十件、八月二十四件、九月五十二件、十月二十一件という状況です。想像以上に多くの手留を借り入れていたといえるでしょう。また、手留の集積は新任者固有の対応ではなく、一定の経験を踏んだ奏者番であっても引き続き行っていたことになります。過去の確認のうえに殿中儀礼を遂行することが、厳しく求められた結果ともいえますが、何故そのように執行するのか、過去の事例に則して、説明することを求められたのではないでしょうか。それができないと奏者番の権威を維持できなかったのかもしれません。つまり、奏者番としての存在のために情報集積が続けられたことになります。

また、過去の情報の集約は、奏者番相互の合意の形成にも欠かせなかったと考えられます。過去の情報を共有することで、はじめて殿中儀礼の執行も可能であったわけです。

手留の貸借方法

次に「御手留御貸出帳」（天保十四年十一月起筆）に注目して、貸し出しについて、二、三事例を紹介したいと思います。

天保十五甲辰年六月朔日之御自留
右御留六月十七日戸田様へ手留方奉札ニ而御貸ニ相成
（追記）「六月廿一日御返却戸田様より」
右御留同月同日御師範様より以御直書代借ニ参、戸田様より御順借被成候様御返書為差出候、和田氏へ達之、然処猶又御下草以御直書御貸ニ相成候、右御草稿七月廿六日御返却ニ相成候

天保十五年（一八四四）六月十七日、三宅氏は奏者番戸田淡路守の求めに応じて、「天保十五甲辰年六月朔日之御自留」を貸し出します。戸田は天保十三年（一八四二）七月二十五日に江戸城警備など

に関わる大番頭から奏者番に登用された人物であり、登用から二年近くが経過していました。

手留の内容は明記されませんが、「御自留《ごじどめ》」とあるため、他人のモノを書写したものではなく三宅氏自身が発生させた手留です。また、天保十五年六月朔日の「御自留」を、同年六月十七日に貸与しており、自留がたいへんスピーディーに作成されていたことも確認できます。

ところで、注目される点は、同じ六月十七日、師範板倉周防守からもこの自留の貸与を求められた点です。通常、師範は情報を提供する側ですが、弟子も経験年数が長くなると独自に情報を発生・取得しますから、こうした逆転現象が起こるわけです。これは手留情報の交換がたいへん広範であったことの証ともいえます。

なお、師範板倉からの手留貸与願いは、直書（板倉名による書状）での依頼でしたが、すでに戸田氏へ貸し出した後であったために、戸田氏からの「順借」を直書をもって伝えます。「順借」は、いわゆる又貸しの方法であり、いちいち持ち主に返却することなく、閲覧を希望する者の間を廻り、最後に持ち主に戻る貸与方法です。殿中儀礼の執行などに関わり、急を要する場合は、こうした形で手留が貸し出されたものです。

また、このケースでは、先方も相当に急いでいたのか、順借の連絡とは別に、手元の手留「草稿」も貸し出します。手留作成間際であったために草稿が残っていたものでしょう。

以上のように、殿中儀礼の執行に関わる情報は、手留という形に集約され、奏者番間で相互に提供しあうことが行われたのでした。こうした方式がどのように成立したものか、この点は、今後の課題です。

情報交換と情報管理

殿中儀礼の遂行に関わり相当広範な情報交換があったことが確認されましたが、必要とする情報を的確に貸借しあうには、相当高度な情報管理が必要と考えられます。

たとえば、適切な情報提供には、求められる情報を速やかに探せなくてはなりません。貸借行為は頻繁ですから、速やかに対処できなければ対等な付き合いも不可能と考えられます。もちろん、部内的な利用においてもスピーディーな検索は不可欠です。引き出しにインデックスを付与した箪笥で手留を管理する方法は、こうしたなかで生み出されたといえます。

そして、情報管理の必要性は、自らの利用、他者への貸与といった利用面での問題に止まりません。たとえば自分はいかなる手留を有しているのか、その情報が曖昧であると、すでに所持する情報を重複して収集することも起こりかねません。情報収集の面からも情報管理が不可欠であったわけです。

今日であれば、データベースを作成し、手留情報を集約することも可能でしょうが、当時のことですから、千を越える数になると、管理もなかなかたいへんであったといえます。

手留は奏者番が頻繁に貸借行為を繰り返すため、重複収集の可能性が極めて高いものであったわけです。手留借込帳には、借用した手留と同文のものをすでに所持しているため、書写せず返却したとの記載もみられます。奏者番たちは、重複を避け効率よく手留を収集するための、何らかの工夫を有していたわけです。その方策は、基本的に表紙に凝縮されていたと考えられます。表紙をみることによって、収集すべきかどうか、即座に判断できる方法が必要です。内容そのものを検討するようでは、時間がかかり過ぎます。表紙に記される情報は、いずれの奏者番の家でも同じであることを、先にお話ししましたが、これは奏者番という役儀集団のなかで情報を共用するための技術的な処理を経た結果ということはいえないでしょうか。

すなわち、各手留の表紙には内容、発生年次、発生源、そして書写系統が記されます。これらが記されることによって、すでに収集済みであるかどうか、その判断が可能となります。

それは、奏者番が情報交流するうえで不可欠なことであり、手留は以上のような情報が付与されることによって、その存在価値を得たということでしょう。手留が手留たり得るための基本的な要件であったといい直すことも可能ではないでしょうか。

もちろん、こうした形での表書き記載が、最初から完備して登場したものとは考えられません。おそらく個人的な利用から、相互貸借による利用が進むなかで、その記載は不可欠なものとなったのでしょう。

手留記載の実際

手留に関する話を進めてきましたが、実際の手留の記載を確認していません。紹介してみましょう。

「（表紙）
明和二酉年
公家衆御返答之節当番勤方留
土屋能登守留
五月四日　内藤大和守写
松平伊豆守写
板倉阿波守殿より借写
三宅土佐守」

明和二酉年
五月四日　土屋能登守
一　今日公家衆御返答被仰出、我等儀就当番六半時前出宅、熨斗目麻上下着用致登城部屋ニ罷在候処、同役衆何茂出仕、加役衆ニ茂御用日候得共美濃守・飛驒守罷出、今日者不快断茂無之候、西丸当番大和守且添越前殿候得共、先月廿八日之御兜進上帳、今朝於　御本丸伊予守殿江被差出候由ニ而、先　御本丸江被出相済、西丸江被相越候、五時過若年寄衆登城初候付、当番我等初同役衆何茂中之間江罷出候、老衆揃後我等儀見合先江大紋着替候、同役衆ニ茂追々大紋被着替何茂芙蓉之間江罷出候
一　押小路大外記壬生官務拝領物先格之通広蓋口ニ而頂戴之儀、且於柳之間地下之者拝領物之節、正徳度之通三人宛罷出、同役三人ニ而取渡可申旨御懸り右近将監殿江以順阿弥相伺候処、何茂

其通可仕旨被仰聞候付、御番順ニ而添出雲守兵庫殿被出候之様申談候
但同役衆三人出席之儀、拝領人二人罷出候節も其儘三人罷在候而も不苦趣ニ伺相済候段順阿弥
申聞候、其趣ニ御目付衆江申談候事
（中略）
一　八時比老衆箱出、八打二寸頃老衆御用番共ニ明日之御座敷為見分表江御出之節、中之間ニ而
時宜有之、若年寄衆ニも被出候、我等儀大目付衆一緒ニ跡付罷越、例之通御白書院見分之内小
溜ニ罷在、夫より大廊下通大広間江御越西御縁通りより見分済、直ニ御玄関より退出ニ付犀之
御杉戸際ニ而御用番右京大夫殿江昨日端午御礼之儀相伺候処有之旨被仰聞候付、登城刻限茂伺
候処、五時可有御出候旨被仰聞候付、其段大目付衆江相達、夫より柳之間通り躑躅之間江罷越
番頭衆江申達、夫より部屋江罷越八半時前退出
（中略）
一　右京大夫殿以常阿弥御渡し候明日端午御礼、御白書院酒井左衛門尉御礼之次第書一通御渡ニ
付明日之当番出雲守詰合候間、則相渡候
（中略）
一　明日　西丸添順之通伊賀殿被出候様申遣候事

この手留はたいへん長いため、一部を省略して示しました。表紙に見えるように、この手留は、土

屋能登守の手留を内藤大和守が写し、それを松平伊豆守、板倉阿波守、三宅土佐守と書写したものです。最後に名前がみえる三宅氏がこの手留の持ち主です。表紙には明和二年（一七六五）「公家衆御返答之節当番勤方留」とありますが、内容は徳川家康一五〇回忌の勅会執行に関するものです。具体的には朝廷から多数の公家などが江戸・日光へ下り、その任務が一通り終了した五月四日、将軍家治が謝辞・拝領物を与えた時の様子を記したものです。「御返答」とは将軍から公家への謝辞の意です。

さて、ここでは内容を逐一紹介することはしませんが、その特徴をいくつか指摘しておきたいと思います。

①手留は一般的な基準を述べたものではなく、過去の実際の活動を時間を追って記したものであり、具体的な一日の殿中の動向が記されます。この手留では明和二年五月四日の様子ということです。記述者は当番を務めた土屋氏ですが、手留を作成するのが当番ということではありません。ここでは偶然です。②具体的な内容に関わりますが、この手留では明日の端午の儀礼の場の検分や、公家への事前稽古に関する記事がみられます。

こうした手留の特徴からは、手留の収集が過去の奏者番の活動情報の収集であったとすることもできるでしょう。

手留作成のための情報源

ところで、この手留は土屋氏が最初に作成したものですが、手留はどのような立場の者が作成したのでしょうか。

手留の内容・構成などを踏まえて考えるならば、第一に当番が候補に上りますが、当番以外の者も作成したことは先に指摘した通りです。

また、手留はそもそも手留として成立したものか、何らかの情報源があり、それを利用して作成したものか、その点についての検討も必要です。いろいろ疑問が多い存在ですが、次のように捉えることが可能といえます。

手留は手留として発生したものではなく、奏者番廻状、奏者番日記をもとにして成立したものと考えられます。

ただし、廻状をもとに手留を作成するということであれば、廻状は各奏者番へ連絡されますから、先にみたようにさまざまな箇所から広範に貸与を受ける必要はないわけです。廻状を手留の元情報とすることも考えられますが、中心であったとは考えられません。

もう一つは、奏者番日記の利用ですが、この点は実際に現存している日記と、手留の内容が一致すれば証明できることになります。

幸いにも、土屋家には比較的多くの奏者番日記が残されています。そこで、先に示した土屋氏作成の明和二年（一七六五）五月四日の手留「公家衆御返答之節当番勤方留」（田原市所蔵）と、史料館所蔵土屋家文書の日記「御奏者番勤向自筆留日記」（明和二年五月朔日〜六月晦日）を突き合わせてみました。その結果、両者はほぼ同文であることを確認しました。

ただし、ときに文章を異にする箇所も確認できます。日記を元に手留を作成するにしろ、その途中で言葉を足すなどの修整が加えられることもあったと考えられます。

この点は、三宅家文書のなかに、日記に朱を入れた手留草稿とみられるものが多数現存していることからも推測されます。手留は「手留方」に任命された役人によって作成されたのですが、彼らは藩主が記した奏者番日記をもとに記事を適宜修整しながら手留を作成したわけです。

つまり、手留とは、他藩から収集して作成したものと、自藩で作成したもの（自留）に、分類されることになります。もちろん、他藩から借り入れる手留も、そもそもは諸藩が日記をもとに作成したわけです。三宅家では、それぞれ別々の箱に入れてこれを管理しています。自藩作成の手留簞笥には「御自留」と記されます。

以上、奏者番手留は、多くの場合、奏者番が記した日記に基づくことをお話ししましたが、奏者番日記についても、触れておかねばなりません。

まず、その性格です。奏者番日記という呼称からは当番の者が殿中で記した日記を指すように思われるかもしれませんが、土屋家文書の中にある奏者番日記を確認するならば、それらはあくまで個人的な日記であり、登城しない場合は記述がみられないことも少なくありません。

したがって、奏者番手留は個人の日記記述をもとにして成立したことになります。おそらく、公式的な記述になる廻状などに比すると、個人の興味関心に従って記述が詳細に及ぶなど、生きた情報としての側面を強く有していたものではないでしょうか。

その記述の実際は、一二三頁で示した「御役中日記」（土屋家文書二二六）寛政十年（一七九八）六月二十九日の記事が、それに当たります。この役中日記という名称は、目録作成のなかで付与されたものであり、奏者番日記そのものであることは、すでに指摘したことがあります（史料叢書六『幕府奏者番と情報管理』、名著出版、二〇〇三年）。

手留が職務上たいへん重要視されたことは、これまで述べてきたところから明らかですが、その情報源が個人の日記であった点に注意が必要と考えます。

本来、職務に関する基本情報は、組織的に管理されるべきものでしょうが、奏者番の手留作成への取り組みからは、組織的な対応が不充分であるために、個々人が情報の収集活動に奔走しなければならなかったように考えられます。情報源には主に日記が用いられており、自らが実見したところを手留（自留）とすることが広く行われていたわけです。

また、手留は一度貸与されると、作成者とは無関係にどんどん書写されていきます。私的なものの共用化が進むわけですが、今日ではあまり見られない状況といえます。公的な勤務であればなおさら、組織における共用物は、最初から共用物として発生します。私的なものと共用のものは、予め分けて発生させるというのが現代の状況です。

しかし、ここでは私的なものが共用のものとして利用されます。私的な世界が最大限に押し広げられた状況といえます。公的なことが私的な取り組みに支えられていると言い直すこともできるでしょう。

そういうなかで、今日では私的なものとして捉えられがちな個人の日記も重要な役割を果たすことになります。記述は、職務での具体的な利用を目的とするため、創造的で、生きたものになります。執務を滞りなく遂行するために、工夫を凝らし精力的に書かれたのです。もちろん、個人の日記ですから、記述が強制されることはありません。書かないこともありますし、記述に精粗もみられます。同じ日であっても興味関心から、人によって記事は微妙に異なります。

こうした個人による情報集約の取り組みからは、幕府の役職ですら個人の努力によって情報環境を整えなければならない段階にあったと推測されます。奏者番の手留作成や師範と弟子における新任研修は、そうした世界の一端を示しているわけです。

結びにかえて

大岡越前守忠相の日記や、幕府奏者番を務めた土浦藩土屋氏の記録を利用しながら、江戸幕府の情報管理、情報の資源化の取り組みについて、寺社奉行・奏者番という二つの役職を取り上げて、さまざまな角度から話を進めてきました。話を結ぶにあたって、江戸時代の組織体と情報管理のあり方についてまとめておきたいと思います。

江戸時代中期、寺社奉行の情報管理には、大きな問題が存在していました。情報を組織的に集約する体制が整っていなかったのです。そのため、過去の寺社関係の訴訟記録、将軍家先祖の葬送行為・祭祀に関する情報など、寺社奉行にとって基本ともいうべき情報が組織的には存在しない状況でした。また、近世前期から中期にかけては、寺社奉行離職者から新任の者への記録類の引き継ぎも基本的に行われていませんでした。従来、それは当然のことであったのです。

しかし、江戸時代中期、これらが問題とされます。ことの真偽やさまざまな決断に文書を証拠物とする、証拠主義の時代へと移行しつつあったことが一つの理由です。将軍徳川吉宗が情報の集約や情報管理の体制整備を命じたのも、こうした時代への対応であったといえます。

また、執務の遂行に文書という手段が広範に採用され、仕事の進捗が文書の作成に規定される状況も、官僚制的な事務組織の整備とも相俟って、江戸時代中期に大きく進展したと考えられます。江戸時代中期が、その一つの画期になっていたことは間違いないでしょう。現存する江戸時代の文書群を確認すると、中期頃より文書の数が増大しますが、これも社会システム上、文書の利用が重視された結果と考えられます。また、文書重視の姿勢は発生した文書の管理方法なども改善させたに違いありません。文書量の増大はこの点とも深く関連したものと思われます。

ところで、江戸時代中期がそのような移行の時代であったとすると、社会システム上における文書の役割は、時代によって異なることになります。つまり、組織活動における文書利用の諸段階を考えるならば、文書が利用されない段階（第一段階）、文字とその他の方法が混用される段階（第二段階）、組織運営上、文書が不可欠とされる段階（第三段階）の三つに分けることが可能でしょう。

江戸時代は、二から三の段階への移行期にあり、中期はそのなかでの画期であったと考えられます。もちろん、移行は社会全体へ均質に広がるものではありません。同じ時代のなかに三つのレベルが混在している状況が基本であり、文書は組織運営上何らかの差し迫った状況が発生した場合、その解決手段として採用されたといえます。我々がアナログで処理していた事務を、コンピュータ利用に変更する場合と似ているかもしれません。導入されると仕事の流れが従来とは大きく変わり、文書処理能力に長けていないと余剰人材となり、配置転換やリストラなどが起こったことも考えられます。

ただし、このような移行もあくまで江戸時代の体制の中での変化であることに注意が必要です。つまり、文書という手段が社会全体に広がっていても、それを活かすには、社会システムのあり方そのものが問題となります。支配形態・組織構造のあり方が、文書の作成・管理に大きな影響を与えます。寺社奉行の場合であれば、四人の者が月番で、それぞれの大名屋敷を役所として職務を遂行する勤務形態であり、補佐する役人たちも家中の者たちでした。こうした組織構造のもとではそれに適合するような文書システムが成立するということです。

その特徴は、個人的な情報収集の取り組みを必要とする点にあります。情報収集の方法には、日記などを通じて自らの経験を蓄積する方法と、他者から情報の提供を受けるという二つの方法がみられました。

また、こうした状況は奏者番の場合に一層明らかでした。江戸時代後期の館林藩秋元氏や田原藩三宅氏らの手留集積への取り組みでは、個々人の日記情報を切り刻み、執務のための情報が整備されています。広範で頻繁な手留の貸借、速やかな自留の作成などは、その情報が殿中での活動のうえで、たいへん重視されていたことを物語るといえます。また、高度な管理形態は、その利便性を高めるためのものであったわけです。奏者番の職務もこうした各家の取り組みによって、実現されていた部分が少なくないのです。

これらは組織的な情報集積が不充分であるため、個々人が情報収集に務めたとすることも考えられますが、奉公を命じられた者の当然の取り組みとして、当時は認識されていたのではないでしょうか。

江戸時代前期、人に付けられた仕事は、次第に職として確立し、人は職に就任することで、仕事を遂行することになります。しかし、職が成立しても、組織的な記録管理は必ずしも充分には整備されなかったということになります。個人の情報管理への取り組みの上に職が成立していたと考えることができるわけです。このように江戸時代の情報管理は、その組織のあり方と、組織の自力での取り組みに規定され、たいへん興味深い状況を確認できます。また、そうした情報は史料をよりよく理解するうえでも不可欠であると考えられるのです。

最後にお話ししなければならない点は、これまでの話は史料館が取り組んできているアーカイブズ学の研究と切り離せないことです。そうした成果に学んだものであることを伝え、話を終わることにします。

参考文献

大岡家文書刊行会編纂『大岡越前守忠相日記』（三一書房、一九七二・七五年）
『茨城県史料』近世政治編Ⅲ（茨城県、一九九五年）
史料館編　史料叢書第六『幕府奏者番と情報管理』（名著出版、二〇〇三年）
大石学「日本近世国家における公文書管理」（歴史人類学会編『国民国家とアーカイブズ』所収、日本図書センター、一九九九年）
大友一雄「幕府寺社奉行と文書管理」（『日本近世史料学研究』所収、北大図書刊行会、二〇〇〇年）
小沢文子「寺社奉行考」（児玉幸多先生古稀記念会編『幕府制度史の研究』所収、吉川弘文館、一九八三年）
笠谷和比古『江戸御留守居役』（吉川弘文館、二〇〇〇年）
茎田佳寿子『江戸幕府法の研究』（巌南堂書店、一九八〇年）
小宮木代良「幕府記録と政治史像―右筆所日記を中心に―」（山本博文編『新しい近世史』第一巻所収、新人物往来社、一九九六年）
高橋実「近世における文書の管理と保存」（安藤正人・青山英幸編著『記録史料の管理と文書館』所収、北大図書刊行会、一九九六年）
深井雅海『徳川将軍政治権力の研究』（吉川弘文館、一九九一年）
同『図解・江戸城をよむ』（原書房、一九九七年）

同編『江戸時代武家行事儀礼図譜』一・二・三巻（東洋書林、二〇〇一年）
松尾美恵子「大名の殿席と家格」（徳川林政史研究所『研究紀要』昭和五五年度、一九八一年）
松平秀治「江戸幕府老中の勤務実態について」（前出『幕府制度史の研究』所収、吉川弘文館、一九八三年）

「読みなおす日本史」版の刊行にあたって

『江戸幕府と情報管理』（臨川書店、二〇〇三年。以下「本書」）は、一九九九年八月に国文学研究資料館（以下、国文研）で開催された「原典講読セミナー」（以下「セミナー」）での講義を基にまとめたものである。

今回、吉川弘文館「読みなおす日本史」シリーズからの刊行にあたって、「本書」の成立に関わる背景、および刊行前後の主な関連研究について触れておくものとする。なお刊行に際し、本文に直接関係しない写真を一部省略したこと、また、第5表の誤りを修正したことをお断りしたい。

一　「本書」の刊行について

「本書」の基となった「セミナー」は、諸大学の大学院生を対象として企画されたものであり、内容や史料の決定は講師の判断によっていた。いくつか選択肢が存在したが、主な史料には館収蔵の「大岡越前守忠相日記」を選び、大岡が務めた寺社奉行・奏者番に注目して江戸幕府の情報管理について論じるものとした。このテーマ設定は一九八〇年代頃より議論が活発となった記録史料の保存・管理・公開に関する研究（アーカイブズ学）を強く意識してのことであった。また、当時は一九九二年に始まる民事判決原本廃棄、一九九九年成立の情報公開法の施行に伴う省庁の書類処分などが社会的にも大きな問題となっていた。これまで人々は記録をどのような存在と捉え、どのように向き合ってきたのか、社会における記録認識、管理や利用の実態への関心も高まった。また、これらの検討ではその前提として記録を生成した組織体のあり方、とくに構造や機能について、時代の状況を踏まえて分析することが不可欠とも考えられた。すでに歴史学においてもこうした問題は身近なものであったともいえる。

一九九〇年に史料館（文部省史料館・国立史料館、現在国文研）に勤めることになり、アーカイブズ学に直接向き合うことになった。当時、同館はアーカイブズに関する新たな取り組みを開始していた。公文書館法の成立を機に大幅に拡充した「史料管理学研修会」（のちのアーカイブズ・カレッジ）もそのひとつであり、また、一九九六年度から五年間にわたって実施された特定研究「記録史料の情報資源化と史料管理学の体系化に関する研究」の取り組みは、『アーカイブズの科学』上下巻（柏書房、二〇〇三年）としてまとめられ、日本における初めてのアーカイブズ学についての総合的研究として捉えられた。個人的には良いタイミングで学びの機会を得られたわけである。

なお、この時代のアーカイブズ学の高まりは日本だけのことではなく、「高度情報化社会」の到来などといわれた情報変革のなかで世界のアーカイブズ関係者が新たな時代を切り開こうとしていた。日本もそうした流れと関係しながら新たな動きが始まっていたのである。

もちろん、アーカイブズ学の範囲は広い。便宜的に示すならば、(i)アーカイブズ学(理論・歴史など)、(ii)アーカイブズ資源学(組織研究、記録管理・史料群構造研究など)、(iii)アーカイブズ管理学(受入・目録・公開・保存など)である。「本書」が対象としたのは、(ii)アーカイブズ資源学のうちの組織研究と記録管理に関わる研究にとどまるが、人々が記録をどのようなものと捉え、どのように向き合ってきたのか、その追究はアーカイブズの管理においても、また、実際にアーカイブズを利用する者にとっても、重要な基本情報となる。文書や情報の歴史を考えるうえでも重要であるに違いない。一九九九年に準備され、二〇〇三年に刊行された「本書」は、このような当時のアーカイブズ学を取りまく環境のなかで刺激を得て刊行された、歴史学とアーカイブズ学に関わる成果のひとつということになろう。

つぎに「本書」の刊行に関連する具体的な取り組みについて紹介したい。

もっとも身近な機会は、前述の「史料管理学研修会」において幕府・藩の組織体や史料群構造などについて毎年講義を担当したことであり、幅広く前近代の組織・集団を取り上げ、記録管理のあり方などについて模索し改善を図っていた。「江戸幕府と情報管理」というテーマ設定もここでの経験によるところが大きい。また、共同研究への参加によって二〇〇〇年三月「幕府寺社奉行と文書管理」

（『日本近世史料学研究』、北海道大学図書刊行会）を発表する機会を得た。この内容の一部は「セミナー」でも取り上げている。その後、二〇〇六年三月には同じく寺社奉行についての論文「近世中期における幕府勤役と師範—新役への知識の継承をめぐって—」（『国文学研究資料館紀要アーカイブズ研究篇』二号）を発表した。発表年次は「本書」刊行後となるが、一連の取り組みの成果であり、その内容の一部は「本書」でも紹介している。

「本書」では幕府の寺社奉行・奏者番に着目したが、これは「大岡日記」によるところが大きい。他に史料館所蔵の大名文書のうちのひとつ「常陸国土浦土屋家文書」に含まれる大量の幕府勤役関係文書（寺社奉行・奏者番・詰衆など）にも興味を引かれていた。ただし、当初、これらの勤役についてはまったく理解が及ばず、記録の存在理由も分からぬ状態であった。「奏者番日記」がなぜ書かれたのかもまったく知らなかったのである。

幸いなことに、同時期史料館では館蔵史料を翻刻刊行する事業『史料叢書』全一〇巻の刊行を進めていた。担当の機会を与えられ、土屋家文書から奏者番関係の文書を取り上げ、『史料叢書6　幕府奏者番と情報管理』（名著出版、二〇〇三年）を刊行することができた。刊行理由については解題に「幕府や藩のように大きな組織体で構造が複雑なものになると、その構造や情報・記録の発生・管理システムを速やかに提示することが難しい場合も起こる。おのずとその研究は、さまざまな形で進めることが必要となる。本書は、こうした取り組みのための一環として、具体的な事例を幕府奏者番にもとめ、同職の日々の活動を記した「御役中日記」（土屋家文書二二八）と、執務心得を記した「奏者番勤方幷心得」（土屋家文書四五五）を収録するものである」と記しているが、自身の試行錯誤を吐露したものともいえそうである。

　やや立ち入った説明となるが、「御役中日記」は土屋但馬守英直（在任期間：寛政十年六月十九日～享和元年十月十一日）による奏者番日記であり、叢書では就任日の寛政十年六月十九日から十二月までの記述を収録した。就任直後の時期を取り上げたのは組織のあり方や執務の仕組み、そして新役への知識の継承などといった問題を追究するには就任期の情報が有用と考えたことによる。すでに『茨城県史料　近世政治編Ⅲ』（一九九五年）が土屋能登守泰直（在任期間：天明七年三月十二日～寛政二年五月十二日）の奏者番日記のうち寛政元年一年分を収録していたが、就任直後の日記を取り上げていなかったことも史料選択の理由のひとつであった。なお、右の土屋泰直の奏者番日記（寛政元年）は、九月以降国元での活動を記す「在邑中御奏者番日記」であり、在任中に参勤交代をするという独自の勤務実態を示している。奏者番の性格を追究する点でも興味深い史料選択といえる。

「奏者番勤方幷心得」の収録は、奏者番の勤務や機能を捉えるうえで参考になるとの判断による。叢書での史料選択はいずれも組織の構造や機能などの分析を重視するアーカイブズ学的な観点に留意したものである。また、同様の関心から巻末の「奏者番一覧表」では奏者番就任者を示したうえで新任の世話に関する師範弟子関係を示した。奏者番延べ四二八名中二六〇名（宝永～幕末）分の師弟関係をリスト化した初めての試みであった。

翌年にはこれらの成果も踏まえて「幕府奏者番にみる江戸時代の情報管理」(『史料館研究紀要』三五号、二〇〇四年)を発表した。二〇〇三年九月に刊行された「本書」の奏者番についての記述は、こうしたいくつかの取り組みのなかで成立したのである。

以上、「本書」刊行に関わる研究動向や社会状況、自身の研究について具体的な取り組みなども含めて示した。「本書」本文末尾では、「最後にお話ししなければならない点は、これまでの話は史料館が取り組んできているアーカイブズ学の研究と切り離せないことです。そうした成果に学んだものであることを伝え、話を終わることにします」と記している。本来、アーカイブズ学との関連は講義の最初に話すべきことであったが、具体的に話す余裕がなかったため、ここに経緯を加えた次第である。「本書」はアーカイブズ学を強く意識したが、それによって幕府役職の組織構造や記録管理に関する新たな歴史学の成果となることを目指したといえる。刊行後の動向についても両面から紹介してみたい。

二　その後の研究動向について

「本書」出版後の研究動向について、いくつかの点に限定して記したい。

まず、アーカイブズ学については、その対象を大きく拡大させており、とくに現代社会において発生する文書、電子文書などの管理も含めるものとなっている。もちろん、対象が拡大しても記録を発生させた組織についての分析が重要である点に変わりはない。保存・管理・公開（データベースの作成なども含む）などのすべての取り組みのための基本的な研究といえる。

また、アーカイブズ学を意識した幕府や藩の組織や記録管理に関する研究も数多く発表されてきた。以下、個人的な判断となるが、自身の関わりにも留意して紹介してみたい。

共同研究の成果では、①国文研編『藩政アーカイブズの研究―近世における文書管理と保存―』（岩田書院、二〇〇八年）、②大石学編著『近世公文書論―公文書システムの形成と発展―』（岩田書院、二〇〇八年）、③国文研編『アーカイブズの構造認識と編成記述』（思文閣出版、二〇一四年）、④国文研編『幕藩政アーカイブズの総合的研究』（思文閣出版、二〇一五年）、⑤国文研編『近世大名のアーカイブズ資源研究―松代藩・真田家をめぐって―』（思文閣出版、二〇一六年）、そして⑥大友一雄・太田尚宏編『バチカン図書館所蔵マリオ・マレガ資料の総合的研究』（国文研、二〇二二年。Ｗｅｂ公開）などを挙げたい。また、個人による多くの研究も発表されてきた。これらの詳細には触れないが、本書にも関わる幕府の役職に限っても、将軍・老中・奏者番・寺社奉行・勘定所・町奉行所・大目付・目付・幕府書物方（紅葉山文庫）・長崎奉行・代官などについての研究成果が発表されている。また、藩・大名の文書管理についても多数の成果を得ている。

二〇〇〇年代以降に文書管理に関する研究が多く発表された理由は、ひとつにアーカイブズ学が広く認知され、記録史料の保存・整理・公開などに関わる基礎的な研究の必要性が広く理解されてきたことがあろう。記録管理に関する研究は、「本書」が取り上げた江戸時代に限定されることではなく、まさに時代を問わず多くの研究が発表されたのである。

もうひとつは、不適切な文書廃棄・改竄《かいざん》や、裁判所記録の無自覚な廃棄などが繰り返し報道される状況に、過去も含め記録管理が自分たちに関わる課題とする認識と、その共有化が進んだということではないか。歴史系の学会でも機関誌で特集が組まれ、また、大会などの共通論題となっている。歴史学の研究分野の一つとして認知されてきたともいえよう。記録管理は社会の透明性・平等性などの根幹に関わる問題であり、さまざまな専門分野において取り上げられるのは極めて当然と考えられる。また、前述した共同研究の成果のうち②は歴史学を学ぶ若手の研究者による論文集であり、その広りにも注目される。さらに、近年では大学院においてアーカイブズ学教育を行う専攻やコースの設置が進んでおり、今後、いっそう多くの成果発表が期待できるのである。

つぎに「本書」の内容に直接関係する寺社奉行や奏者番の研究について紹介したい。

「本書」刊行後の寺社奉行研究を発表順に示すならば、まず、小林宏「『寺社方御仕置例書』の成立――『大岡忠相日記』を素材として――」（『國學院法学』第四五巻第三号、二〇〇七年十二月、のちに同著『日本における立法と法解釈の史的研究』第二巻近世、汲古書院、二〇〇九年）、同「「定書」と「例書」――

徳川吉宗の立法構想―」（『國學院法学』第四六巻第一号、二〇〇八年七月、のちに同前書所収）を挙げたい。とくに「寺社方御仕置例書」の成立を「公事方御定書」との関連で追究した前者は、寺社奉行の記録管理について直接的に言及するものではないが、法整備によって記録の発生やその後の管理にも大きな影響があったことをうかがわせる。後者は寺社奉行に限定されるものではないが、公事方御定書と「例書」との関係を法体系のなかで論じたものである。両論文とも「大岡日記」を主に用いる点でも関連深い成果といえる。

近年の成果では、吉川紗里矢著『江戸幕府の役職就任と文書管理』（ゆまに書房、二〇二二年）がある。第三章「寛政改革期の文書政策と寺社奉行」、第四章「寺社奉行吟味物調役の成立過程と昇進活動」はいずれも新稿であり、前者は寺社奉行に注目して寛政期の幕府の文書管理について論じ、「本書」で言及できなかった新旧寺社奉行間で引き継がれる「株筋」文書群のリストも示された。また、後者は同じく寛政期の寺社奉行の執務体制についての成果である。今後、吟味物調役と寺社奉行との関係が追究されるなかで、記録管理における両者の関係も明らかになるものと期待される。

つぎに奏者番の研究動向に触れておきたい。奏者番関係の論文は比較的多く発表されており、組織や機能、記録・情報管理に関する研究では次のような成果が得られた。

まず、高田綾子「江戸幕府奏者番の勤務実態に関する一考察―寛政元年「御奏者番日記」を中心に―」（『聖心女子大学大学院論集』四〇〈三三―一〉、二〇一一年）、同「江戸幕府奏者番就任者の選任基準」(『國學院大學大學院紀要』文学研究科四六、二〇一四年)がある。前者では大名土屋家文書のうち寛政元年「御奏者番日記」を用い勤務の実態について、後者では奏者番の選任基準をとくに殿席との関連から明らかにする。いずれも記録管理に関して直接言及するものではないが、奏者番という役職を理解するうえで留意すべき論考といえる。

小宮木代良「奏者番手留の成立と関係史料」(科研報告書『画像史料解析による前近代日本の儀式構造の空間構成と時間的遷移に関する研究』所収、二〇〇八年)は、館林藩秋元家文庫などの手留のデータ処理とその分析を通じたものである。同氏は先行して「館林市立図書館所蔵秋元文庫中奏者番手留類の調査」(科研報告書『近世武家官位をめぐる朝幕藩関係の基礎的研究』所収、一九九七年)について報告しており、この取り組みをさらに進めたものといえる。

また、吉川紗里矢前掲書『江戸幕府の役職就任と文書管理』は奏者番関係の論文も複数収録する。同書刊行では過去に発表した論文に修正を加えたとのことであるが、発表順に示すならば、(ⅰ)吉川紗里矢「慶応期幕府奏者番における師弟関係と手留管理」(渡辺尚志編『アーカイブズの現在・未来・可能性を考える』法政大学出版局、二〇一六年)、(ⅱ)「『九冊物』からみた近世中期の奏者番と記録作成」(『書物・出版と社会変容』二一号、二〇一八年)、(ⅲ)「奏者番の師弟関係と文書継承」(新稿、二〇二二年)である。「本書」が課題とした事項などについての検討もあり、参照すべき点が多い。例えば(ⅲ)の論文では新任者と世話を行う師範との手留貸借について詳細な分析を行う。「本書」では手留の作成・借写行為は古参の奏者番にも見られる基本的な日々の情報活動とし、その貸借は師範にとどまらず、過去に奏者番を務めた家にも及ぶ点に注目したが、新人教育に引きつけた議論には及ばなかった。

なお、関連する成果に「詰衆」を取り上げた松尾美恵子「雁之間詰大名の江戸勤め」（『東京都江戸東京博物館研究報告』一二、二〇〇六年）がある。詰衆から奏者番へ登用されるものも多く、注目される成果といえる。また、大石学「大岡忠相とアーカイブズ政策」（前掲『近世公文書論』所収、のち『近世日本の統治と改革』吉川弘文館、二〇一三年に再録）は、享保期の勘定所・町奉行・寺社奉行などの文書管理に関する取り組みを享保改革のアーカイブズ政策として指摘する。時代のなかでの位置付け、その後の展開などに参照すべき点が多い。

以上、「本書」刊行後の研究のうち内容的に関係するものを確認の範囲で紹介した。法学・歴史学・アーカイブズ学など、それぞれの観点で議論を積み重ねる状況であり、各分野の取り組みに学びながら各々の議論が発展することが期待される。そうしたなかで記録が存在することの意味や記録を守り伝えることの重要性を深く共有できればと考えている。

（二〇二四年七月二十二日）

本書の原本は、二〇〇三年に臨川書店より刊行されました。

著者略歴
一九五五年　茨城県に生まれる
一九七九年　國學院大學文学部史学科卒業
一九八四年　学習院大学大学院博士課程後期単位取得退学
徳川林政史研究所研究員、国文学研究資料館史料館助教授・教授などを経て、
現在、国文学研究資料館名誉教授、博士（歴史学）

〔主要編著書〕
『日本近世国家の権威と儀礼』（吉川弘文館、一九九九年）、『古文書に親しむ』（監修、山川出版社、二〇〇三年）、『バチカン図書館所蔵マリオ・マレガ資料の総合的研究』（共編、マレガ・プロジェクト〈国文学研究資料館〉、二〇二三年）

読みなおす日本史

江戸幕府と情報管理

二〇二四年（令和六）十一月一日　第一刷発行

編　者　人間文化研究機構 国文学研究資料館
著　者　大《おお》友《とも》一《かず》雄《お》
発行者　吉　川　道　郎
発行所　株式会社 吉川弘文館
郵便番号一一三―〇〇三三
東京都文京区本郷七丁目二番八号
電話〇三―三八一三―九一五一〈代表〉
振替口座〇〇一〇〇―五―二四四
https://www.yoshikawa-k.co.jp/
組版＝株式会社キャップス
印刷＝藤原印刷株式会社
製本＝ナショナル製本協同組合
装幀＝渡邉雄哉

ISBN978-4-642-07678-4

刊行のことば

現代社会では、膨大な数の新刊図書が日々書店に並んでいます。昨今の電子書籍を含めますと、一人の読者が書名すら目にすることができないほどとなっています。ましてや、数年以前に刊行された本は書店の店頭に並ぶことも少なく、良書でありながらめぐり会うことのできない例は、日常的なことになっています。

人文書、とりわけ小社が専門とする歴史書におきましても、広く学界共通の財産として参照されるべきものとなっているにもかかわらず、その多くが現在では市場に出回らず入手、講読に時間と手間がかかるようになってしまっています。歴史の面白さを伝える図書を、読者の手元に届けることができないことは、歴史書出版の一翼を担う小社としても遺憾とするところです。

そこで、良書の発掘を通して、読者と図書をめぐる豊かな関係に寄与すべく、シリーズ「読みなおす日本史」を刊行いたします。本シリーズは、既刊の日本史関係書のなかから、研究の進展に今も寄与し続けているとともに、現在も広く読者に訴える力を有している良書を精選し順次定期的に刊行するものです。これらの知の文化遺産が、ゆるぎない視点からことの本質を説き続ける、確かな水先案内として迎えられることを切に願ってやみません。

二〇一二年四月

吉川弘文館

読みなおす日本史

- 石の考古学　奥田 尚著　二二〇〇円
- 江戸武士の日常生活 素顔・行動・精神　柴田 純著　二四〇〇円
- 秀吉の接待 毛利輝元上洛日記を読み解く　二木謙一著　二四〇〇円
- 中世動乱期に生きる 一揆・商人・侍・大名　永原慶二著　二二〇〇円
- 弥勒信仰 もう一つの浄土信仰　速水 侑著　二二〇〇円
- 親 鸞 煩悩具足のほとけ　笠原一男著　二二〇〇円
- 道と駅　木下 良著　二二〇〇円
- 道 元 坐禅ひとすじの沙門　今枝愛真著　二二〇〇円
- 江戸庶民の四季　西山松之助著　二二〇〇円
- 「国風文化」の時代　木村茂光著　二五〇〇円
- 徳川幕閣 武功派と官僚派の抗争　藤野 保著　二二〇〇円
- 鷹と将軍 徳川社会の贈答システム　岡崎寛徳著　二二〇〇円
- 江戸が東京になった日 明治二年の東京遷都　佐々木 克著　二二〇〇円
- 女帝・皇后と平城京の時代　千田 稔著　二二〇〇円
- 武士の掟 中世の都市と道　高橋慎一朗著　二〇〇〇円
- 元禄人間模様 変動の時代を生きる　竹内 誠著　二二〇〇円
- 東大寺の瓦工　森 郁夫著　二二〇〇円
- 気候地名をさぐる　吉野正敏著　二二〇〇円
- 江戸幕府と情報管理　大友一雄著　二二〇〇円
- 木戸孝允　松尾正人著　（続 刊）
- 奥州藤原氏 その光と影　高橋富雄著　（続 刊）
- 日本の国号　岩橋小弥太著　（続 刊）

吉川弘文館
（価格は税別）